Kundgebungen zum 70. Geburtstag Lujo Brentanos

Lujo Brentano

Kundgebungen zu seinem 70. Geburtstag (18. Dezember 1914) / Überreicht von der Münchener Volkswirtschaftlichen Gesellschaft

München / Verlag von Duncker & Humblot / Leipzig
1915

Diese Schrift wurde als Privatdruck der Münchener Volkswirtschaftlichen Gesellschaft hergestellt und erscheint nicht im Handel

Altenburg
Pierersche Hofbuchdruckerei
Stephan Geibel & Co.

Den 70. Geburtstag ihres Vorsitzenden feierte die Volkswirtschaftliche Gesellschaft München in Verbindung mit dem Sozialwissenschaftlichen Verein München durch ein Festmahl, das am 19. Dezember im Hotel Rheinischer Hof stattfand und eine große Anzahl von Freunden und Verehrern Brentanos vereinigte. Vor dem Mahl wurden die in diesem Hefte enthaltenen drei Ansprachen gehalten. Der damalige Prorektor der Universität Heidelberg, Professor Dr. Eberhard Gothein, war als ältester Schüler Brentanos von der Volkswirtschaftlichen Gesellschaft ersucht worden, die Festrede zu halten (I). Darauf beglückwünschte Professor Dr. Heinrich Herkner den Jubilar im Namen des Vereins für Sozialpolitik (II). Alsbald erwiderte der Gefeierte, indem er der Versammlung seinen Dank abstattete (III).

Mit der Vereinigung dieser drei Kundgebungen zu einem Heft glaubt die Volkswirtschaftliche Gesellschaft München den Teilnehmern an dem Feste und den Freunden des Jubilars eine willkommene Gabe zu bereiten.

Eine harmonische Ergänzung zu den drei Reden bilden zwei weitere Kundgebungen aus demselben Anlaß von älteren Freunden und Kollegen Brentanos: das Glückwunschschreiben von Professor Dr. Gustav von Schmoller (IV) und ein Festartikel von Professor Dr. G. F. Knapp (V). Mit der von den Autoren freundlichst gestatteten Aufnahme der beiden Kundgebungen in dieses Heft glaubt die Volkswirtschaftliche Gesellschaft den Lesern weitere wichtige Beiträge zur Kenntnis des Lebens des Jubilars und seiner wissenschaftlichen Bedeutung vermittelt zu haben.

Die Volkswirtschaftliche Gesellschaft München.

Inhalt.

	Seite
I. An Lujo Brentano bei seinem 70. Geburtstage. Rede von Eberhard Gothein	1
II. Ansprache an Lujo Brentano. Von Heinrich Herkner	9
III. Erwiderung. Von Lujo Brentano	15
IV. Lujo Brentano zum 70. Geburtstage. Von Gustav Schmoller	33
V. Lujo Brentano im Jahre 1872. Von G. F. Knapp	41

An Lujo Brentano
bei seinem siebzigsten Geburtstage

Rede von
Eberhard Gothein

(Wiederabdruck aus Schmollers Jahrbuch, Jahrg. 39, Heft 2; 1915)

Hochverehrter Herr Kollege!

Inmitten der Kriegsstürme, die all unser Sinnen und Sorgen in Anspruch nehmen, darf allein die Pflicht der Dankbarkeit nicht schweigen. Ihre Schüler, Ihre Freunde haben sich heute hier versammelt, um ihr zu genügen. Waren Sie doch auch zeitlebens ein Kämpfer für Recht und Volkswohlfahrt, haben Sie doch diese Gesinnung Ihren Schülern eingeflößt und in die weitesten Kreise verbreitet! Bald wird es ein halbes Jahrhundert, daß wir Sie so wirken sehen; aber wenn wir heute Ihnen gegenüberstehen, fragen wir erstaunt, ob es denn wirklich ein Siebzigjähriger ist, den wir begrüßen. Sie haben zwar sonst wenig Ähnlichkeit mit dem alten Blücher; aber auch von Ihnen gilt es: „So frisch blüht sein Alter wie greisender Wein"; ja dieser Wein gährt und schäumt auch noch recht munter; er gehört nicht zu den „stillen".

Da wäre es denn ein mißlich Ding, heute schon ein Inventar Ihrer Leistungen aufzunehmen oder Ihnen die zweifelhafte Jubiläumsfreude zu bereiten, Ihr Wesen zu analysieren. So ganz können wir uns aber doch der Aufgabe nicht entziehen, neben dem „Original" nach Goetheschem Muster den „Komplex seiner Elemente" zu sehen; daran trägt eben Ihr Familienname die Schuld! Von Ihrer Urgroßmutter Sophie von La Roche, der Freundin Wielands und der Versammlerin der sentimentalen Schöngeister, über Bettina und Klemens Brentano, die den Höhepunkt der Romantik wie ihr Verhältnis zu unseren Klassikern bezeichnen, zu Lujo Brentano reicht eine lange, ununterbrochene Tradition, eine der bedeutsamsten, die das Kulturleben unserer Nation zeigt. Auf den ersten Blick könnte man Sie, den Erben derselben, vielleicht als einen Abgefallenen ansehen und fragen: Was hat die Nationalökonomie, diese banale Wissenschaft von den Bedürfnissen des Lebens und ihrer Befriedigung, was hat dieser ihrer Vertreter, der jeden absterbenden Rest von Mittelalter in unseren Zuständen unbarmherzig verfolgt, der den protestantischen Charakter in Englands „christlichem Sozialismus" entdeckt und gerühmt hat, noch mit der Romantik zu tun? Der Kenner Ihres Wesens wird anders urteilen. Nicht als ob er auf literarische und künstlerische Anknüpfungspunkte besonderen Wert zu legen brauchte; er wird sich nur an Ihre eigene Erörterung, die Sie einmal von Klassisch und Romantisch gegeben, halten. Gleichviel ob sie richtig ist oder nicht, sie drückt Ihre Gesinnung aus. Darin erschien Ihnen als „klassisch" auch in der Nationalökonomie das, was gegebener Norm und Regel sich fügt, sie zum Ausdruck bringen will, als romantisch, was aus der Eigenart des Individuums hervorgeht und sich selber die Regel setzt. In diesem Sinne waren Sie gewiß immer ein Romantiker. Aber es ist eine andere Eigentümlichkeit, die wir höher schätzen mögen: bei aller Betonung der besonderen Eigenart die feste Überzeugung, daß in der Tiefe des Volkslebens die Quelle nationalen Geistes rinnt, daß man stets zu ihr hinabsteigen, aus ihr schöpfen müsse. Und vergessen wir eines nicht: es ist Frankfurter Tradition, die hier lebt. Zwar sind Sie durch Zufall ein geborener Aschaffenburger und fünf verschiedenen Staatswesen haben Sie nacheinander gedient, aber wenn man Brentano heißt, ist man immer ein mediatisierter Reichsstädter. Das bedeutet eine lebhafte Opposition gegen alles, was Bureaukratie heißt. Das unterscheidet Sie von Grund aus von Schmoller, mit dessen Namen in so mancher anderer Hinsicht der Ihrige verknüpft bleibt. Nicht als ob Sie die Leistungen des Beamtentums nicht zu schätzen wüßten; aber Sie haben wohl immer gemeint, daß wenn es seine Pflicht tut, davon nicht viel Rühmens zu machen ist, zumal es das selber ausreichend besorgt, und daß man im übrigen sich wehren müsse, damit die Bureaukratie nicht die Persönlichkeiten wie die Ziegelsteine zurechtklopfe und vermauere. — Wenn nun aus dem Erben der Romantiker diesmal kein Dichter, sondern ein Nationalökonom wurde, so ist es ein Zeichen der Zeit, die die großen wirtschaftlichen und sozialen Aufgaben in den Vordergrund gerückt hat und für sie der schöpferischen Köpfe bedarf.

Als Sie, ein kaum dem Knabenalter entwachsener Jüngling, aber schon ausgestattet mit eindringender Beobachtungsgabe, Ihre erste und entscheidende Studienreise nach England machten, da geschah das in Begleitung eines väterlichen Mentors Ernst Engel, des Mannes, der eine ganze Generation in strenger statistischer Schulung erzogen hat. Es war wohl ein seltsames Paar! Sie haben mir einmal erzählt, wie beim Abschied aus London der alte Herr eben im Begriff war, Sie auf die mächtige Eisenkonstruktion des Charing=Croß=Bahnhofes aufmerksam zu machen, als Sie in der Menge einen Volksprediger erblickten. Und im Augenblick war zum

Entsetzen des Mentors der jugendliche Leichtfuß der Eisenkonstruktion entwichen und mitten unter der Menge, die der Predigt des Methodisten zuhörte. Das ist ein Symbol! Es war der Schritt der Jugend! Hier der gereifte Mann, dem alles Leben zu Tatsachen sich kristallisierte, der in der Arbeitskraft nur das Umsatzprodukt von Mehl und Fleisch berechnete, dem alle Tatsachen nur Wert besaßen, wenn sie sich in Zahlen ausdrücken lassen —; dort der jugendliche Stürmer, dem alle Tatsachen nur Äußerungen des Lebens waren, dem Leben zu suchen, von innen zu verstehen selber zur Lebensaufgabe wurde. So haben Sie der deutschen Nationalökonomie, die alt war ohne — Friedrich List ausgenommen — jung gewesen zu sein, das Glück der Jugend gebracht, ohne den Vorwurf zu scheuen, daß sie sich auch einige Untugenden der Jugend aneignete.

Aus jener Reise ist Ihnen das glänzende Werk entstanden, das mit jugendlicher Genialität auf einmal zugleich das Muster einer historischen Entwicklung sozialer Zustände, eine exakte Schilderung der Gegenwart und Richtlinien für die Zukunft gab. Mit der lächelnden Sicherheit, die Ihnen eigen geblieben ist, zeigten Sie den Deutschen, daß es noch ein anderes England gebe als das der Ricardo und Mill, und den Engländern, daß ihnen ein Deutscher lehren müsse, wohin die wichtigste Entwicklungstendenz ihres Volkes gehe. Sie haben es beide beherzigt. Der Gang Ihres Schaffens aber war durch dieses erste Werk bezeichnet: praktisch zu wirken durch wissenschaftliche Ergründung sozialer Zustände.

Sie haben in Ihren zahlreichen Werken, deren jedes einer inneren Notwendigkeit und einem äußeren Anlaß entsprossen ist, wohl auch große Richtlinien historischer Entwicklung gegeben, Sie haben sich in die scharfsinnige Arbeit an ökonomischen und juristischen Begriffen, da wo sie sich am engsten berühren, versenkt, Sie haben die Grundlagen des sozialen Daseins in der Theorie der Bevölkerungsbewegung zu ergründen versucht, aber zuletzt sind es doch immer die unmittelbaren Fragen der Gegenwart, die Sie beschäftigt haben, Leben zu erfassen um das Leben zu bestimmen. In diesem Sinne gelang Ihnen der zweite große Wurf Ihres Lebens, die Stiftung des Vereins für Sozialpolitik. Ist seine Organisation wohl noch mehr anderen zu danken, hat die lange Reihe der grauen Hefte mit ihrer etwas farblosen Objektivität wohl nicht immer Ihren Beifall gefunden, so sind Sie dafür stets auch hier der Mann des Temperaments gewesen. Sie haben ihn zum Tummel- und Kampfplatz der wissenschaftlichen Meinungen gemacht, Sie ihm die entscheidende Richtung gegeben, der Wissenschaft den gebührenden Einfluß auf die Politik zu verschaffen.

So wurden Sie in jugendlichen Jahren Professor in Breslau. Es war damals ein kühner Versuch, und ich erinnere mich wohl, wie viel Kopfschütteln er bei allen alten Zöpfen, besonders bei denen, die sich liberal nannten und deren Liberalismus über das freie Geschäft nicht hinausging, erregte. Noch steht jene erste Vorlesung in dem alten gewölbten Saale des Konviktsgebäudes, der die Menge der Hörer nicht faßte, lebendig vor meinen Augen. Ziemlich verständnislos, aber mit staunender Neugier hörten die schlesischen Studenten die neue Botschaft von Arbeiterverbänden und Arbeiterbewegungen, eine bisher verpönte Lehre, die Sie mit graziöser Dialektik ihnen vortrugen. Und noch sehe ich Sie mit der gleichen Grazie den ältesten Fabrikanten und den steifsten Regierungsräten in den Gesellschaften klar machen, wie rückständige Leute sie doch eigentlich seien. Überzeugt haben Sie sie wohl nicht; aber ein Bekenntnis wenigstens erreichten Sie bei ihnen: daß Sie ein liebenswürdiger junger Mann und kein enfant terrible seien. Sie fanden damals in Breslau einen Kreis von Gelehrten, wie er sich selten vereinigt finden wird. Wie Sie der Herold der mächtigsten unter den neuen Entwicklungen des uralten germanischen Genossenschaftstriebes geworden waren, so schrieb damals Gierke hier sein Werk, das alle Äußerungen desselben umfassen sollte, und noch zeigte sich nicht, daß Sie einst, jeder der Berechtigung seiner Natur folgend, von gleichem Ausgangspunkt ohne Groll nach entgegengesetzten Richtungen gehen würden. Hier vollzog W. Dilthey in beständigem Austausch mit allen Gefährten, im Lernen und Geben, seine gewaltige Gedankenarbeit und erhob die Methodenlehre der Geisteswissenschaften zur geschichtlichen Philosophie; hier übte in geistreicher Skepsis, der doch überall das warme Gefühl zugrunde lag, Alfred Dove selbst noch in der Plauderei einen schärfenden Einfluß auf die Geister anderer. Hier wirkten, Ihnen in Freundschaft verbunden, große Naturforscher mit den weitesten Interessen, Heidenhain und besonders Cohnheim. Und alle diese Männer standen in einem Alter, wo sie ohne Überhebung wußten, daß der Fortschritt deutscher Wissenschaft vor allem auf ihnen beruhe. Ich glaube nicht zu irren, wenn ich diesen Breslauer Jahren, in denen Sie auch die ebenbürtige Gefährtin Ihres Lebens fanden, die Ausbildung Ihres Geisteslebens zu voller Reife zuschreibe.

Aus dem Osten unseres Vaterlandes führte Sie ein Ruf nach

dem äußersten Westen, nach Straßburg an Schmollers Stelle. Sie traten an die Seite eines Mannes, der das äußerste Gegenteil Ihres Wesens bedeutet: G. F. Knapp, des scheinbar kühlen, objektivsten der Beobachter, dem jedes Werk langsam reift und der es dann gerundet, lückenlos der Welt übergibt, des Künstlers, der mit Vorliebe dem biographischen Miniaturbild seinen Reiz verleiht, des Gelehrten, der sich die Gegenstände gewählt hat, die am meisten zur Polemik reizen und der doch nie eine Polemik geführt hat, der sich der allgemeinen Anerkennung erfreut auch bei denen, gegen die er tödliche Streiche führt, und der im Grunde mehr als Sie, als jeder von uns ein Skeptiker, ja ein Radikaler ist. Daß Ihre beiden Naturen sich verstanden, daß Sie sich zu großer gemeinsamer Tätigkeit vereinigten, ist gleich ehrend für Beide, ist für die deutsche Wissenschaft von bedeutenden Folgen gewesen. Denn in Straßburg erst wurden Sie zu dem Lehrer, als den wir Sie alle kennen; mit Knapp gemeinsam wurden Sie zum Schöpfer einer Schule, die wie keine andere die kritischen Anforderungen an den Schüler stellt, seine Eigenart ausbildet und ihn doch unverkennbar mit dem Geist des Lehrers erfüllt und in der Bahn seiner Methode festhält. Denn nur eine bedeutende Persönlichkeit, die sich selber, indem sie lehrt, ganz gibt, reißt hin und bildet Anderer Persönlichkeit aus.

Das Leben hat Sie weiter von einer Hochschule zur anderen geführt; jeder haben Sie, solange Sie dort weilten, das Siegel Ihres Wesens aufgedrückt, und doch haben Sie niemals der kleinen Professorenleidenschaft, der Fakultätsbeherrschung, gefrönt. Ihr Wirken konnte sich nie mit der Universität begnügen; und es ist nicht eben verwunderlich, daß auch die Proteste gegen den Mann, der vom Lehrstuhl aus das Leben meistern will, nicht gefehlt haben. Sie sind immer der Ansicht gewesen, daß die beste Deckung der Hieb ist; aber von Ihrer Seite ist jede Polemik so geführt worden, daß Sie dem früheren Gegner später die Hand reichen konnten. Wo es nicht dazu kam, da war Unverständnis oder absichtliches Mißverständnis von der anderen Seite der Grund. Nicht überall sind Sie mit Ihren Ansichten durchgedrungen, nicht überall haben Sie recht behalten. Denn die geschichtliche Wirklichkeit wird aus vielerlei Fäden zusammengewebt; wer aber wirken will, der muß an dem seinigen festhalten. In der Hauptsache aber haben Sie recht behalten; denn überall ging Ihr Kampf von einem hohen Ideal der Gerechtigkeit und der Volkswohlfahrt aus. Ritterlich sind Sie stets für den mit Unrecht Verletzten, auch wenn Sie mit ihm nicht übereinstimmten, eingetreten. Uns allen ist Ihr letztes Auftreten, das berufen ist, das Muster einer würdigen Polemik im Völkerkampf zu werden, in frischer Erinnerung. Und das, wofür Sie Ihr Leben hindurch gekämpft, das optimistische Vertrauen in unseren Arbeiterstand und seine Selbsthilfe, ist in diesen Tagen, die gerade Ihnen, dem alten Freunde Englands, so schmerzliche Enttäuschungen bringen mußten, im herrlichsten Sinne gerechtfertigt worden. Es wird auch bald die Zeit kommen, wo Sie als der wahre Freund der Landwirtschaft in ihrer schweren sozialen Krisis anerkannt werden!

An die Seite manches alten Gegners hat Sie der Kampf geführt, von manchem alten Freund hat er Sie, jedoch ohne Bitterkeit, getrennt. Aber keine Partei hat Sie je den Ihrigen nennen können. Mit Stolz haben Sie stets wie der griechische Denker sagen können: ἔχω οὐκ ἔχομαι.

So treten Sie ein in Ihr achtes Jahrzehnt, stets derselbe, mit der Kraft und dem Mut der Jugend. In einer Zeit, wo alle Grundlagen unseres nationalen und wirtschaftlichen Lebens umgestaltet werden, winkt Ihnen neue Kritik, neue Arbeit, neue Ernte, und mit Faust werden Sie bis zum Schluß von sich sagen können:

„Im Weiterschreiten find' er Qual und Glück,
Er, unbefriedigt jeden Augenblick!"

Ansprache an Lujo Brentano

Von

Heinrich Herkner

(Wiederabdruck aus Schmollers Jahrbuch, Jahrg. 39, Heft 1; 1915)

Hochverehrter Herr Jubilar!

Sie haben mir als treuer Lehrer und Berater Ihre hilfreiche Hand nicht nur bei meinen ersten schüchternen Gehversuchen in der wissenschaftlichen Laufbahn dargeboten, sondern auch noch sehr oft in meinem späteren Leben. Es erfüllt mich deshalb mit ganz besonderer Freude, daß mir, als einem der Vizepräsidenten des Vereins für Sozialpolitik, der ehrende Auftrag zuteil geworden ist, Ihnen im Namen des Vereins die allerwärmsten Glückwünsche zu überbringen.

Schon bei der Gründung des Vereins haben Sie an erster, entscheidender Stelle mitgewirkt, haben auf der ersten Tagung des Vereins in Eisenach das erste Referat gehalten. Auch späterhin haben Sie dem Verein stets Ihr tatkräftiges Interesse zugewendet. Viele der wichtigsten Erhebungen und Verhandlungen sind Ihrer Anregung zu danken gewesen, sind von Ihnen selbst oder ausgezeichneten Ihrer Schüler durchgeführt worden. Mochten Sie als Referent oder als Diskussionsredner das Wort ergreifen, immer wurde durch den bestrickenden Zauber Ihrer Persönlichkeit, der jeder Puls wie Feuer schlägt, der Debatte eine dramatische Spannung, ein hinreißender Schwung, ein so hohes Niveau gegeben, daß sich jeder glücklich preisen durfte, der diese Stunden miterleben konnte!

> „Wie sah man uns an Deinem Munde hangen,
> Und lauschen jeglichen auf seinem Sitze,
> Da Deines Geistes ungeheure Blitze
> Wie Schlag auf Schlag in unsere Seele drangen."

Der Verein ist Ihnen für diese unschätzbaren Dienste um so tiefer verpflichtet, als er recht gut weiß, wie wenig seine Wirksamkeit oft Ihren Wünschen und Ratschlägen entsprochen hat. Ihr Ideal war eine kleine, aber mächtige Gruppe stets kampfbereiter, von einer weitgehenden Übereinstimmung des Temperaments, der wissenschaftlichen und politischen Überzeugungen getragener Männer. Das ist der Verein nicht geworden. Es haben sich vielmehr recht verschiedene Richtungen auf dem Boden des Vereins zusammengefunden. Es ist mehr und mehr auch der „Standpunkt der Verwaltung", wie Sie sagen, die Politik der „mittleren Linie" zur Geltung gekommen. Daß die „mittlere Linie" wirklich eine mittlere blieb, daß Abwege agrarischer, bureaukratisch-staatssozialistischer und anderer Art im großen und ganzen glücklich vermieden werden konnten, das hat aber der Verein zu einem nicht geringen Teil gerade Ihrer Wachsamkeit zu danken. Sie waren „immer auf dem Posten" und erreichten damit, daß der sozialliberalen Idee, der Sozialreform auf gewerkschaftlicher Grundlage, ein mächtiger Einfluß auf das Leben des Vereins gewahrt blieb.

Wenn Goethe mit dem Ausspruche recht behält, daß jedem außerordentlichen Menschen von der Vorsehung eine bestimmte geschichtliche Sendung übertragen worden ist, so hat sich der Weltgeist Ihre Person als Prophet und wissenschaftlichen Pionier der gewerkschaftlichen Arbeiterbewegung in Deutschland auserkoren. So mußten Sie mit einer stattlichen Zahl glänzend gerüsteter, übermächtiger Gegner die Klingen kreuzen. Gegen Ludwig Bamberger, gegen den Freiherrn von Stumm, gegen Herrn Bueck und Alexander Tille zogen Sie ebenso zu Felde wie gegen Bismarck und Karl Marx. Stets sah man Ihren Helmbusch wehen, wo der Streit um die ganz großen Prinzipienfragen unserer wirtschaftlichen und sozialen Zukunft am hitzigsten entbrannt war. Aber je schwieriger der Kampf wurde, um so strahlender entfaltete sich nur der erstaunliche Reichtum Ihrer polemisch-kritischen Begabung. Sie sind in diesen klirrenden Waffengängen der größte Polemiker unserer Wissenschaft geworden, groß vor allem deshalb, weil Sie Ihren scharf geschliffenen, aber auch mit edler Kunst gezierten und geführten Degen immer nur gezückt haben für die edelsten Ideale menschlicher Gesittung. Auch wenn manche Ihrer Streitschriften keinem aktuellen Interesse mehr entsprechen werden, dürften sie die Jünger unserer Wissenschaft noch immer mit heißem Bemühen studieren, um zu lernen, wie eine Polemik großen Stils durchgeführt werden muß.

Viele Ihrer Verehrer und Freunde beklagen es, daß Ihr Ehrentag in eine so unendlich schwere Zeit fällt, daß auf dem Sonnenglanze des Festes auch die Schatten vaterländischer Sorge und privater Trauer lagern. Aber wir können doch gerade aus Ihrem Leben herrliche, frohe Zuversicht schöpfen für einen glorreichen Ausgang der ungeheuren Kämpfe, die wir mit den größten Mächten des Erdballes auszufechten haben. Unser ganzes Volk ist heute von demselben felsenfesten Glauben an die Gerechtigkeit seiner Sache, von derselben unbeugsamen Willensenergie und Kampfbegeisterung durchglüht, die wir immer an Ihnen bewundert haben. Und so wird es siegen, wie Sie gesiegt haben!

Daß Sie aber gesiegt haben, nicht allein vor dem Kadi gegen Tille und Genossen, sondern auch in dem langen Prozesse Brentano kontra Marx vor dem unendlich höheren Forum der deutschen Geschichte, das konnte für weitere Kreise schlagend doch erst erwiesen werden durch das ewig denkwürdige Erlebnis des 4. August, durch den nationalen Aufschwung, der in unserer Arbeiterklasse gerade unter der Führung der Gewerkschaften mit elementarer Wucht zum Durchbruch kam. Wofür Sie zwei Drittel Ihres Lebens unentwegt gekämpft, wofür Sie, geschmäht, verleumdet und verkannt, gelitten haben, was immer den Gipfel Ihrer heißesten Wünsche gebildet hat, es ist jetzt erreicht: unser deutscher Staat, unsere Regierung und unsere vorzüglich organisierten Gewerkschaften haben sich endlich gefunden! Und zum äußeren Zeugnisse, daß eine neue Ära begonnen hat, haben am 14. November dieses Jahres deutsche und preußische Minister, Generale und Admirale, Präsidenten der gesetzgebenden Körperschaften, selbst des preußischen Herrenhauses, und Oberbürgermeister dem Hauptquartier der deutschen Gewerkschaftswelt, dem Berliner Gewerkschaftshause, einen langen Besuch abgestattet. Der Verein für Sozialpolitik darf Sie und sich glücklich preisen, daß wir diese Wendung, diese Krönung Ihrer Lebensarbeit, erleben konnten.

Eine neue Zeit bricht an. Neue verantwortungsreiche Aufgaben werden auch an den Verein für Sozialpolitik herantreten. Nachdem ein nicht geringer Teil unseres besten wissenschaftlichen Nachwuchses den Heldentod gestorben, müssen wir Überlebenden mit verdoppelter Energie arbeiten, damit diese neuen Fragen in einem Geiste gelöst werden, der dieser großen Zeit, der der unendlichen Opfer, die unser ganzes Volk bringt, wahrhaft würdig ist.

Ich schließe deshalb nicht nur mit dem innigen Danke für das, was Sie, verehrter Meister, dem Verein in der Vergangenheit gewesen sind, sondern auch mit der herzlichen Bitte für die Zukunft: Bleiben Sie der getreue Eckart des Vereins, schenken Sie uns Ihre kostbare Mitarbeit, Ihren Rat und Ihren Beistand noch auf viele, viele Jahre hinaus!

Erwiderung

Von

Lujo Brentano

Meine hochverehrten und lieben Freunde!

Sie haben mich am heutigen Tage mit einer solchen Fülle von Zeichen Ihres Wohlwollens überschüttet, daß ich am liebsten stumm bleiben möchte; denn wo wollte ich Worte finden, um Ihrer überaus großen Güte gerecht zu werden! Was Sie mir durch den Mund des derzeitigen Prorektors der Universität Heidelberg, Geheimrat Gothein, gesagt haben, würde mich erröten lassen, wüßte ich nicht, daß es ein alter Freund ist, der zu mir gesprochen hat; und dasselbe gilt von dem, was mir namens des Vereins für Sozialpolitik mein alter Schüler und lieber Kollege und Freund, Geheimrat Herkner, gesagt hat, und dasselbe von den unzähligen allzu gütigen Worten, die in Telegrammen, Briefen, Ansprachen und Zeitungsartikeln zum gestrigen Tag an mich gerichtet worden sind. Ich danke allen, Ihnen, den Anwesenden sowie denen, die heute nicht da sein können und die meine Worte nicht zu erreichen vermögen, für den warmherzigen Ausdruck freundschaftlicher Gesinnung, der sich in all diesen Äußerungen kundgibt.

Aber so glücklich mich die Beweise von so viel Wohlwollen machen, so fühle ich mich doch gleichzeitig dadurch bedrückt. Es ist eine alte Sache, daß Nekrologe nur Gutes von dem Verstorbenen sagen, aber der, welcher begraben wird, hat eines vor mir voraus: er hört nicht mehr, was von ihm gesagt wird, und braucht sich daher auch nicht zu schämen, wenn er hinter dem von ihm entworfenen Bilde zurückbleibt, — wenn dieses mehr dem entspricht, was er hätte sein können, als der Wirklichkeit, wie er sie selbst kennt.

Wie andere über mich denken, haben Sie soeben gehört; lassen Sie mich Ihnen sagen, was ich selbst von mir denke.

Eigentlich bin ich ein Sonntagskind gewesen. Ich bin in außerordentlich glücklichen Verhältnissen geboren und aufgewachsen, und angesichts dessen hätte ich wohl weit mehr leisten müssen, als ich wirklich geleistet habe.

Geheimrat Gothein hat Ihnen bereits davon gesprochen, daß ich aus einer Familie komme, in der seit mehr als einem Jahrhundert die Pflege des Guten, Edlen, Schönen die eigentliche Lebensnahrung gewesen ist. Vielleicht darf ich das von ihm Gesagte noch durch einiges wenige ergänzen, was für den einen oder anderen von Ihnen nicht ohne Interesse sein könnte. Mein Urgroßvater Laroche ist Kanzler des Kurfürsten von Trier gewesen, und mein Interesse für die Staatswissenschaften vielleicht ein Erbstück, das ich von ihm überkommen habe; und meine Urgroßmutter Sophie Laroche, eine geborene Gutermann aus dem benachbarten Kaufbeuren, ist nicht bloß die Freundin Wielands und Goethes, Lavaters, Merks und des Dichters Pfeffel gewesen, sondern auch zu einer Zeit, da noch niemand an etwas Ähnliches wie Arbeiterschutz dachte, nach dem Besuche einer Fabrik im Oberelsaß für Arbeiterschutz eingetreten. Wenn man mir so oft meine Arbeiterfreundlichkeit zum Vorwurf gemacht hat, so kann ich vielleicht erbliche Belastung als mildernden Umstand geltend machen.

Auch hat Geheimrat Gothein schon meiner Großeltern Brentano Erwähnung getan. Ihr Haus, der Goldene Kopf in Frankfurt a. M., war ein Sammelpunkt für alle Art geistig und politisch hervorragender Leute, welche ihr Weg nach der alten Reichsstadt führte. Eine ungewöhnlich glänzende Schar von Kindern ist aus ihrer Ehe hervorgegangen, und wenn Geheimrat Gothein auch nur meinen Onkel Clemens und meine Tante Bettina als die bekanntesten darunter genannt hat, so ist mein Vater Christian in dem Lebenskreise, dem er sich gewidmet hat, nicht minder bedeutsam gewesen. Ich selbst freilich habe nur wenige persönliche Erinnerungen an ihn — starb er doch, bevor ich sieben Jahre alt geworden —, aber das Bild, das meine Mutter mir von ihm von Jugend an eingeprägt hat, ist doch für meine Lebensentwicklung von der nachhaltigsten Bedeutung geworden. Vielleicht daß dies diejenigen, welche von ihm wissen, zu hören wunder nimmt, denn er war streng konservativ und in der zweiten Hälfte seines Lebens mit seiner ganzen Seele katholisch. Das hat ihn auch dazu geführt, in dem Streite des Erzbischofs Clemens August von Köln mit der preußischen Regierung aufs lebhafteste die Partei des Erzbischofs zu nehmen; eben deshalb wurde er von Friedrich Wilhelm III. aus dem ihm gehörigen Marienberg bei Boppard ins preußische Ausland verwiesen, womit eine empfindliche Vermögenseinbuße für ihn verbunden war. Darauf zog er nach Aschaffenburg, in dessen Nähe eine seiner Schwestern begütert war. Dort bin ich vor 70 Jahren geboren worden und habe die ersten zehn Jahre meines Lebens verbracht. Nach dem, was meine Mutter mir von meinem Vater erzählt hat, war er ein unerbittlicher Vertreter dessen, was er für recht hielt, und sein uns lebendig erhaltenes Bild diente uns als Bestätigung dafür, daß man sich eher die Zunge abzubeißen habe als sich zu etwas zu bekennen, was nicht der eigenen Überzeugung entspreche; in dem unbeugsamen Bekennen zum Wahren zeige sich allein der wirkliche Aristokrat. Wenn mir aus Anlaß meines siebzigsten Geburtstages von so vielen nachgerühmt worden ist, daß ich mich stets unerschrocken zu dem bekannt habe, was ich für richtig gehalten, so kann ich in solchem Verhalten daher kein eigenes Verdienst erkennen. Denn seit meiner frühesten Jugend war es mir selbstverständlich, daß man sich gar nicht anders verhalten könne, so daß es mir nie ein Opfer gekostet hat. Es war aber nur der notwendige Ausfluß solcher Erziehung, daß ich selbständig nach Erkenntnis der Wahrheit strebte und, wenn ich als Suchender dabei in vielem zu anderen Anschauungen gelangt bin als zu denen, die meine Eltern für richtig hielten, ich mich zu dem, was meiner Erkenntnis als das Richtige schien, bekannt habe. Ich würde ihren Lehren wenig entsprochen haben, hätte ich anders gehandelt.

So verdanke ich gerade das Wichtigste, was den Mann macht, meinem Elternhause. Mit tiefem Verständnis und weitherziger Nachsicht hat mich meine Mutter im Geiste meines Vaters zu erziehen verstanden. Dabei muß ich in liebevoller Pietät des Professors am Lyzeum in Aschaffenburg, Dr. Joseph Merkel, gedenken. Er war in seiner Jugend Erzieher im Hause meines Onkels Franz Brentano in Frankfurt, eines Freundes von Goethe und Beethoven, gewesen. Aus seinem Munde habe ich die ersten lebendigen Schilderungen empfangen von Goethe und anderen hervorragenden Männern, die im Kreise meiner Familie in Frankfurt verkehrt hatten. So kann ich denn sagen, daß ich in einer Atmosphäre aufgewachsen bin, die hoch über dem Gewöhnlichen stand. Neben der Erörterung der ernstesten Probleme beherrschte eine geistvolle Fröhlichkeit die Gespräche im Hause meiner Mutter. Noch sehe ich im Geiste die großen Platanen in unserem kleinen Garten, wie wir da im Sommer bis tief in die Nacht um den Abendtisch saßen, inmitten der Freunde und Freundinnen meiner Geschwister und anderer, welche die Mischung von Ernst und Lustigkeit anlockte, wie da jemand vorlas aus in- oder ausländischer Literatur, gleichviel ob poetischer, philosophischer oder politischer, unter uns den im Glanz des Mondes ruhig dahinfließenden Main, darüber das dichte, vom Lampenschein bestrahlte Laubdach der Bäume. Am Tage aber schweifte der Blick von unserem Hause über eine Ebene, nur begrenzt durch den in weiter Ferne bei entsprechender Beleuchtung in sanftem Umriß sich zeichnenden Feldberg, der sie, wie der Sorakte die römische Campagna, abschließt.

Aber so anregend dies war, es war eben deshalb nicht geeignet, einen lebhaften Buben an den regelmäßigen Gang des Schullebens zu gewöhnen. Das war bei meinem von Natur auf Ernst gerichteten ausgezeichneten älteren Bruder gegangen. Ich bin von Kindesbeinen an mehr dem zugewandt gewesen, was der Tag Belustigendes brachte. Dazu kam, daß ich als Jüngster besonders verwöhnt war, und so verzweifelte man, mit mir fertig zu werden. Ich kam zu den Benediktinern nach Augsburg. Dort hat mich der Direktor des Instituts zu St. Stephan, P. Graßmüller, systematisch an ernstliche Arbeit gewöhnt, wofür ich ihm allzeit ein dankbares Andenken bewahre.

Aber auf die Dauer konnte ich es in Augsburg doch nicht ertragen. Die Erinnerung an das so unendlich reichere Leben zu Hause ließ mich nicht ruhen, bis ich von meiner guten Mutter erreicht hatte, daß ich nach fünfjährigem Aufenthalt aus dem Institut zu St. Stephan herausgenommen und mir gestattet wurde, am Gymnasium in meiner Geburtsstadt Aschaffenburg weiter zu studieren. Doch war nach so langer Einengung die Freiheit zu verführerisch. Es traf sich, daß meine Mutter während des ganzen Winters von Aschaffenburg abwesend war. Ich residierte mit den Dienstboten in unserem Hause ganz allein. Da habe ich meine Freiheit denn mit vollen Zügen genossen. In den Freistunden befand sich meine ganze Gymnasialklasse in unserem Hause. Mein Zimmer saß voll Vögeln, die ich zum Schutz gegen den Winter bei mir aufgenommen hatte; zu Hunderten flatterten sie herum und saßen auf Bilderrahmen und Gardinenstangen, währenddessen ich mit meinen Kameraden dem verbotenen Rauchen frönte. Die Damen eines Vereines zur Fertigung und Ausbesserung von Kirchengewändern, die sich Montags in dazu vorbehaltenen Räumen versammeln sollten, wurden mittels dazu bereitgestellter Blasinstrumente ferngehalten. Es war das Paradies der Gymnasiasten: gearbeitet wurde nicht mehr als gerade nötig war, um vor der Pedanterie der Klassenlehrer zu bestehen, was, da man ihre Schwächen bald heraus hatte, nicht allzu schwer war.

Als meine Mutter zurückkam und in die verräucherte Voliere eintrat, in die ich die von mir bewohnten Zimmer des Hauses verwandelt hatte, und die von mir mißhandelten frommen Damen meine wirklichen, noch durch freie Ausschmückungen bereicherten Missetaten erzählten, glaubte sie, daß für mich etwas anderes als der gewöhnliche Gymnasialkurs notwendig sei, um meine Vorbereitung zur Universität zu einem glücklichen Ende zu bringen. Sie ging auf einen Vorschlag ein, den meine an einen Professor der katholischen Universität zu Dublin verheiratete Schwester ihr machte, mich zu sich zu nehmen. Ich kam also im Herbst 1861 nach Dublin. Meinem Freunde Gothein, der vorhin von mir behauptet hat, daß von der dichterischen Ader meiner Familie nichts auf mich übergegangen sei, will ich dies keineswegs bestreiten; aber es reizt mich doch, ihm zu sagen, daß ich in Dublin den Preis für das beste lateinische Gedicht erhalten habe. Ernsthafter waren die historischen Studien, denen ich mich damals mit Eifer zugewendet habe; insbesondere habe ich damals viel englische Geschichte gelernt. Das hat eine bedeutungsvolle Wirkung auf mich geübt. Es hat mich, der aus ganz konservativem Hause stammte, zu einem Liberalen gemacht, und zwar wesentlich gerade auch deshalb, weil ich von Haus aus katholisch war. Ich durchlebte nämlich, teils an der Hand dieser historischen Studien, teils an der Gegenwart, daß die Liberalen in England die Freunde der Katholiken waren; die Katholikenemanzipation war ein Postulat der Liberalen gewesen; diese hatten sie durchgesetzt; und Katholik sein hieß demgemäß damals in England soviel wie liberal sein. Und so kam ich, der ich als Konservativer nach England gegangen war, als Liberaler von dort zurück.

Das war der erste nachhaltige Einfluß, den England auf mich geübt hat.

Ich habe infolge meines einjährigen Aufenthalts in Dublin ein Jahr Gymnasium gespart. Von dort zurückgekommen, machte ich mein Abiturientenexamen an dem Gymnasium in Darmstadt und bezog noch siebzehnjährig die Universität. Aus konfessionellen Gesichtspunkten wurde ich das erste Semester nach Münster in Westfalen geschickt, wo ich, wenn auch nichts Schädliches, so doch wenigstens in den Vorlesungen überhaupt nichts gelernt, sondern mit guten Freunden mich in freien Studien ergangen habe. Auch von meiner übrigen Universitätszeit habe ich nicht allzuviel zu berichten, außer von Windscheid, dessen Vorlesungen über römisches Recht mich so stark fesselten, daß ich ihm, als ich später in Leipzig sein Kollege geworden war, neckend den Vorwurf machte, er trage die Schuld, daß ich dreieinhalb Jahre meines Lebens an die Jurisprudenz verloren habe. Im Februar 1866 bin ich Doktor der Rechte geworden. Ich hegte damals die Absicht, Advokat in Frankfurt zu werden;

und das juristische Doktoreramen und ein Eramen in Lübeck mußte man damals absolviert haben, um zur Rechtsanwaltschaft in einer der vier freien Städte zugelassen zu werden. Dazu ist es nun freilich nicht gekommen. Es kam der Krieg von 1866 und die Annexion von Frankfurt an Preußen. Ich hatte aber nicht die Absicht, preußischer Beamter zu werden, und auch die Rechtsanwaltschaft in Frankfurt lockte mich unter den veränderten Verhältnissen nicht. Ich bezog aufs neue die Universität, um mich nun ausschließlich der Nationalökonomie zuzuwenden. In Göttingen lehrte damals Helferich, wenn auch nicht der originellste, so doch der liebenswürdigste aller Lehrer, ein Schüler Hermanns. Unter ihm habe ich dort im Herbst 1867 in Nationalökonomie promoviert. Von Göttingen aus begab ich mich unmittelbar nach Berlin, um in das berühmte, unter Engels Leitung stehende statistische Seminar einzutreten.

Aber wichtiger als das Seminar war für mich, daß ich dort, eingeführt durch meine zahlreiche Verwandtschaft, in Norddeutschland Fuß faßte. Den wichtigsten Einfluß aber übte mein Aufenthalt im Engelschen Seminar durch die Reise nach England, welche sich an mein darin zugebrachtes Studienjahr anschloß.

Um den Anlaß dieser Reise nach England zu verstehen, vergegenwärtige man sich, daß nur erst wenige Jahre verflossen waren, seit Ferdinand Lassalle die sozialdemokratische Agitation gegen den deutschen Liberalismus eröffnet hatte. Der Krieg von 1866 hatte die Aufmerksamkeit davon etwas abgelenkt; nach hergestelltem Frieden war der Kampf zwischen Sozialdemokraten und Liberalen wieder mehr in den Vordergrund getreten. Zu der Zeit hat Engel eine Rede gehalten, welche die Beteiligung der Arbeiter am Unternehmergewinn als die Aufhebung aller zwischen Kapital und Arbeit bestehenden Gegensätze bezeichnete und mit dem Satze schloß: „Die soziale Frage ist keine Frage mehr; sie ist gelöst." Er hatte einen ihm befreundeten Unternehmer, den Messingfabrikanten Borchert in Berlin, dazu gebracht, die Gewinnbeteiligung in seinem Betriebe einzuführen, und aller Augen waren auf die mit dem Gewinnbeteiligungssystem gemachten Erfahrungen gerichtet. Mich interessierten die Versuche lebhaft. Engel gab mir alles darauf bezügliche Material, das er besaß. Ich habe dasselbe damals auf seinen Wunsch in einer anonym erschienenen Broschüre bearbeitet. Allein so sehr ich damals geneigt war, Engel im Glauben an seine Lieblingsidee zu folgen, so schien mir doch das, was sein Material bot, noch unzureichend, um weitgehende Folgerungen zu ziehen. Da machte mir Engel den Vorschlag, ihn auf einer Reise zu begleiten, die er zur näheren Untersuchung der Fälle von Gewinnbeteiligung nach England unternehmen wolle. Ich ergriff mit Freuden die Gelegenheit, unter so sachkundiger Führung und ausgestattet mit glänzenden Empfehlungen an alle britischen Behörden, welche das preußische Handelsministerium Engel mitgab, die Hauptstätten des englischen Industriebetriebes kennen zu lernen. Aber um die sozialen Verhältnisse der in diesen Betrieben Beschäftigten festzustellen, dazu genügten offizielle Empfehlungen nicht; dazu mußte man mit den Führern der Arbeiter bekannt werden. Diese Bekanntschaft vermittelte mir John Malcolm Ludlow, den ich als den Verfasser eines gerade damals erschienenen Buches: „Der Fortschritt der englischen Arbeiterklasse 1832—1867" aufsuchte. Ich kann nicht genug rühmen, wieviel ich diesem Manne verdanke. Er hat mir, dem bis dahin völlig Unbekannten, lediglich weil er von dem Ernste meines Eifers überzeugt war, in der freundschaftlichsten Weise die Wege gewiesen. Durch ihn bin ich mit den bedeutendsten der damaligen englischen Arbeiterführer persönlich bekannt geworden. Alsbald erkannte ich, daß der Gewinnbeteiligung nicht die Bedeutung zukomme, die mein Lehrer Engel ihr beigelegt hatte. Der Schwerpunkt der englischen Arbeiterbewegung lag überhaupt nicht im Genossenschaftswesen, wie man auf Grund der Schriften Viktor Aimé Hubers und Schulze-Delitzschs bis dahin in Deutschland geglaubt hatte. Nicht als ob dem britischen Genossenschaftswesen nicht eine große Bedeutung zugekommen wäre; aber so sehr ich es bewunderte und noch bewundere, weit wichtiger für die Hebung der Arbeiter als Klasse waren die Trade Unions. Diese Trade Unions, zu deutsch Gewerkvereine, waren bis dahin völlig verkannt worden. Sie waren als absolut revolutionär gerichtete Organisationen verurteilt worden. In schroffem Gegensatz hierzu erkannte ich, daß in ihnen erst die der heutigen Rechtsordnung wie der liberalen Nationalökonomie zugrunde liegende Anschauung vom Arbeitsverhältnis verwirklicht werde.

Um dies zu zeigen, war es nötig, länger als die wenigen Wochen einer flüchtigen Reise in England zu verweilen. Eine liebe Verwandte, die mir eine zweite Mutter gewesen, Frau Claudine v. Arnim, geb. Brentano, hat es mir möglich gemacht, solange ich es für nötig hielt, meinen Studien in England nachzugehen; durch sie in meinem Tun und Lassen frei gemacht, stürzte ich mich mit Eifer in das Studium der englischen Gewerkvereinsorganisation und ihrer Vergangenheit. Es gelang mir, in dem Maße das Vertrauen der englischen Arbeiter zu gewinnen, daß sie mir rückhaltlosen Einblick in die geheimsten Papiere gestatteten; den Vereinigten Maschinenbauern habe ich damals ihr Archiv geordnet, und auf Grund der darin bewahrten Schätze die Geschichte ihrer Organisation seit 1826 geschrieben. Dann lenkte sich mein Studium auf die Feststellung des Vorkommens von englischen Arbeiterkoalitionen in der Vergangenheit. Dabei wurde ich auch auf Zünfte und andere Arten von Gilden zurückgeführt bis hin in die graue Vorzeit.

Dies ist das zweite Mal, daß England einen maßgebenden Einfluß auf meine Anschauungen geübt, ja ich kann sagen, daß es mein Leben zu einem großen Teil bestimmt hat. Als großes Glück werde ich zeitlebens betrachten, daß meine Studien mich mit ganz außerordentlichen Männern in nahe Berührung, ja in ein freundschaftliches Verhältnis gebracht hat. Vor allem gilt dies für den schon genannten J. M. Ludlow. Er war der selbstloseste Mensch, dem ich in meinem ganzen Leben begegnet bin. Aus einer vornehmen Familie stammend, hat er sein ganzes Leben der Hebung der Arbeiterklasse gewidmet. Durch ihn habe ich F. D. Maurice, Thomas Hughes, Vansittart Neale, F. J. Furnivall kennen gelernt. Außer Ludlow verdanke ich besonders viel den Anregungen, die ich von Frederic Harrison erhielt. Harrison und Thomas Hughes waren Mitglieder der Königl. Kommission zur Untersuchung der Gewerkvereine, welche die englische Regierung im Jahre 1867 eingesetzt hatte, um Material zu ihrer Unterdrückung zu sammeln. Ihnen war es zu danken gewesen, daß die Untersuchung statt mit der Unterdrückung mit der gesetzlichen Anerkennung der Gewerkvereine schloß. Der Umgang mit ihnen hat meine Studien vielfach erleichtert. Umgekehrt hat Harrison später in einem an mich gerichteten Briefe warm anerkannt, wie sehr meine Studien über die englischen Gewerkvereine und ihre Vergangenheit es ihnen erleichtert hätten, die Anerkennung der Gewerkvereine seitens der englischen Gesetzgebung durchzusetzen. Außer von diesen Männern habe ich damals besonders viel von Lloyd Jones gelernt, einem der physisch und geistig rosigsten Menschen, die mir im Leben entgegengetreten sind. In seiner Jugend war er selbst Arbeiter (fustiancutter) gewesen; seine außergewöhnliche Begabung hatte ihn zum Schriftsteller gemacht; er war ein Lieblingsschüler von Robert Owen gewesen und hat mir viel von ihm und seinen Experimenten erzählt, wodurch mir das ganze Tun und Wollen Owens erst anschaulich geworden ist.

Das Ergebnis meiner damaligen englischen Studien findet sich in meinem zweibändigen Werk: „Die Arbeitergilden der Gegenwart". Sein erster Band hat mir als Habilitationsschrift gedient, als ich mich im Sommer 1871 an der Berliner Universität als Privatdozent habilitiert habe. Um die Auffassung des Werkes zu kennzeichnen, möchte ich noch ein paar Worte sagen. Ich habe vorhin erzählt, wie mich das Studium der englischen Geschichte bei meinem ersten Aufenthalt in England zum Liberalen gemacht hat. Nun waren der liberalen Auffassung zwei Feinde erstanden: die eine waren die Konservativen, welchen die der modernen Rechtsordnung zugrunde liegende Gleichberechtigung von Arbeiter und Arbeitgeber beim Abschluß des Arbeitsvertrages ein Greuel war. Sie verklärten die Überordnung und Unterordnung, wie sie im Mittelalter bis hin in die Neuzeit bestanden hatte, und wiesen auf das in der Arbeiterbevölkerung bestehende Elend hin, als auf einen Beweis der Nichtigkeit der der modernen Rechtsordnung zugrunde liegenden liberalen Postulate. Der andere Gegner war die im Rücken der Liberalen entstandene Sozialdemokratie. Auch sie zog das Massenelend herbei als einen Beleg für die Unmöglichkeit, auf Grundlage der bestehenden Rechtsordnung das Los der unteren Klassen zu heben. Nun hatte mir das Studium der englischen Gewerkvereine gezeigt, wie gerade sie die Irrigkeit der Lehre vom „ehernen Lohngesetz" praktisch erwiesen, indem sie es bewirkt hatten, den Arbeitern einen steigenden Anteil an den materiellen und geistigen Kulturgütern der Menschheit zu schaffen. Wo also die Lage der Arbeiter wirklich nur um das gewohnheitsmäßig zum Leben Unentbehrliche herumpendelt und jede Hebung darüber nur eine vorübergehende Besserung brachte, die sie alsbald wieder auf das frühere Niveau herabsinken ließ, mußte mir dies als Folge davon erscheinen, daß diese Organisationen, durch welche die Grundprinzipien der geltenden Rechtsordnung erst verwirklicht würden, noch nicht zur Entstehung gelangt oder in ihrem Wirken behindert waren. Von diesem Standpunkt aus war mein Werk geschrieben unter scharfer Kritik derjenigen Liberalen, welche, nachdem sie für das Kapital die volle Freiheit erreicht hatten, vor ihrer Ausdehnung auch auf die Arbeiter Halt machten. Begreiflich, daß es, als es erschien, den lebhaftesten Widerspruch fand, nicht nur bei den Konservativen und den Sozialdemokraten, sondern vor allem bei jenem Teil der Liberalen, welche im Liberalismus nichts anderes sahen als das Mittel, um wohlhabende bürgerliche Kreise an die Stelle der bisherigen Konservativen zu setzen.

Nach Beendigung des deutsch-französischen Krieges hat der Gegensatz zwischen diesem Teil der Liberalen und der deutschen Arbeiterschaft sich immer schärfer zugespitzt. Schulze-Delitzsch hatte im Jahre 1872 einen Gesetzentwurf im Reichstag eingebracht, welcher den deutschen Gewerkvereinen rechtliche Anerkennung verschaffen wollte. In der Diskussion über diesen Entwurf ist auf meine „Arbeitergilden" viel Bezug genommen worden. Das hat Ludwig Bamberger, der im damaligen Reichstag mächtigen Einfluß übte, den Anlaß gegeben, sein Buch: „Die Arbeiterfrage unter dem Gesichtspunkt des Vereinsrechts" gegen mich zu schreiben, das wenigstens geistreich war, während man das von den seither erschienenen Schriften meiner Gegner leider nicht sagen kann. Ich darf vielleicht schon hier hinzufügen, daß Bamberger mir noch kurz vor seinem Tode zu erkennen gegeben hat, daß er sein damals gegen mich gerichtetes Buch als einen Fehler bedauere und es in seine „Gesammelten Werke" nicht aufgenommen hat. Schon bevor Bambergers Buch erschienen war, waren aber die Wogen gegen mich und diejenigen unter den akademischen Lehrern, die es mit der Vertretung der Rechte der Arbeiter ernst meinten, hoch gegangen; wir wurden mit dem Schlagwort „Kathedersozialisten" gebrandmarkt. Wir haben das Wort als einen Ehrentitel angenommen, und die Angriffe der Gegner führten zu einer Gegenorganisation, um die Allmacht des damals die öffentliche Meinung ausschließlich beherrschenden „Volkswirtschaftlichen Kongresses" zu brechen. Die Mißbräuche der auf den deutsch-französischen Krieg folgenden Gründerzeit ließen uns in weiten Kreisen der Gebildeten Anklang finden. Ich habe schon gelegentlich des Jubiläums von Schmoller erzählt, wie er und Engel, Julius Eckardt und Hildebrand, Adolph Wagner und ich uns im Schmollerschen Hause in Halle trafen; wie aus unserer Verschwörung die „Versammlung zur Besprechung der sozialen Frage" in Eisenach im Oktober 1872 hervorgegangen, und wie der Verein für Sozialpolitik aus dieser erwachsen ist. Über meinen Anteil an diesem haben meine Freunde Gothein und Herkner Ihnen so viel für mich Schmeichelhaftes gesagt, daß ich, um nicht abmindern zu müssen, darüber schweige.

Unmittelbar von Eisenach aus fuhr ich nach Breslau, um die Professur der Staatswissenschaften an der dortigen Universität anzutreten, die mir wenige Monate vorher übertragen worden war. Als ich nach durchfahrener Nacht zum Frühstück die drei damals in Breslau erscheinenden Zeitungen erhielt, fand ich in jeder derselben einen gegen mein in Eisenach erstattetes Referat gerichteten Leitartikel. Das war die Prognose für das, was ich während der nahezu zehn Jahre, die ich in Breslau geblieben bin, erlebt habe. Ich habe mir damals die Unempfindlichkeit gegenüber einer gewissen Presse angeeignet, die mir bis zum heutigen Tage sehr zustatten gekommen ist. Ich wurde aber für diese Feindseligkeit reichlich entschädigt durch die verständnis= volle Teilnahme, die mir seitens des vom Kollegen Gothein schon genannten Kreises hochstehender Männer entgegengebracht worden ist. Ich kann nicht sagen, daß ich in meinem Fache in Breslau große Förderung erfahren hätte; aber was mehr wert war, mein all= gemeiner wissenschaftlicher Gesichtskreis hat sich in dem regen, oft täglichen Umgang mit Männern, wie Dilthey, Cohnheim, dem Geographen Neumann, Gierke, Heidenhain, Dove, in unschätzbarer Weise erweitert. Es war die idyllische Zeit meiner Lehrtätigkeit und das heroische Zeitalter meiner Kämpfe in Sachen der Arbeiter= koalitionen.

Um ein Beispiel meiner damaligen Erlebnisse zu geben: Der deutsche Buchdruckerverband war der erste deutsche Gewerkverein; er hatte sich lange vor Auftreten der modernen Arbeiteragitationen völlig selbständig aus dem Bedürfnis der Arbeiter heraus entwickelt; er führte im Frühjahr 1873 seinen ersten Kampf um das, was man heute eine Tarifgemeinschaft heißt. Der schlesische Gauverband war in Gefahr, in diesem Kampf zu unterliegen. In seiner Not wandte er sich an mich um Rat. Wie die Dinge lagen, mußten die Arbeiter für das ganze Reich den Sieg davon tragen und, wenn die Schlesier noch drei Tage ausharrten, nahmen sie an diesem Siege teil; im entgegengesetzten Fall wurden sie aus dem deutschen Buchdrucker= verband ausgeschlossen, und der Sieg des Gedankens der Tarif= gemeinschaft, für den ich in meinen „Arbeitergilden" und weiter in einer Schrift über „Einigungsämter" so lebhaft eingetreten war, war in Frage gestellt. Es kam also darauf an, daß die Breslauer Buch= drucker nur noch drei Tage im Streik verharrten. Im Interesse der Herbeiführung einer gerechteren Neuordnung des Arbeitsverhältnisses habe ich dies den mich befragenden Arbeiterführern dargelegt, und auf Grund meines Rates haben die Breslauer Setzer drei Tage weiter gefeiert und in dem schon fast verlorenen Kampf gesiegt. Die Folge war, daß noch weitere drei Tage in Breslau keine Zeitung gedruckt werden konnte. Als nach wiederhergestelltem Frieden die Zeitungen erschienen, enthielt die erste Nummer einer jeden giftstrotzende Denunziationen des Missetäters. Diese erreichten auch den Kultus= minister in Berlin. Ich wurde von dort befragt, was ich darauf zu sagen habe; darauf antwortete ich, es habe sich um nichts anderes

gehandelt als um die Durchsetzung einer Ordnung des Arbeits=
verhältnisses, wie ich sie in den Schriften befürwortet habe, auf
deren Grund mich das Ministerium zum Professor in Breslau er=
nannt habe; der Minister werde einsehen, daß ich meine moralische
Autorität als Lehrer würde verloren haben, wäre ich nicht für das
praktisch eingetreten, was ich als das Richtige gelehrt habe. Eine
schriftliche Antwort ist mir darauf nicht zuteil geworden; aber
der Minister Falk ließ mir durch einen Freund sagen, daß er voll=
ständig einsehe, daß ich nicht anders habe handeln können. Die
deutschen Buchdrucker aber und die von Breslau insbesonders sind
mir für mein Eintreten in ihren gerechten Kampf allezeit dankbar
gewesen.

Im Frühjahr 1882 bin ich als Nachfolger Schmollers an die
Universität Straßburg berufen worden. Mein Aufenthalt in
Straßburg hat den größten Einfluß auf meine Entwicklung als
akademischer Lehrer geübt. Wie Geheimrat Gothein vorhin gesagt
hat, — dort erst bin ich recht eigentlich zum akademischen Lehrer
geworden. Auch war an der Straßburger Universität alles darauf
angelegt, jede Fiber im Menschen zur Anspannung zu bringen. Man
hatte das Gefühl besonderer Verantwortung; es war als ob ganz
Deutschland auf jeden einzelnen an der dortigen Universität blickte,
ob er dem Vertrauen entspreche, welches man, indem man ihn auf
diesen Posten gestellt, in ihn gesetzt hatte. So strengte jeder sich
an, sein Bestes zu leisten, und die ganze Universität sah darauf,
daß ein jeder dies tue; rücksichtslos wurde der gesellschaftlich an die
Wand gedrückt, der hinter den in ihn gesetzten Erwartungen zurück=
blieb. Zu besonderem Danke bin ich zweien meiner dortigen Kollegen
verpflichtet: G. F. Knapp, wie schon Geheimrat Gothein richtig
erwähnt hat; er wurde mein Meister in der Behandlung der ein=
zelnen Studierenden, die an unserem gemeinsamen Seminare teil=
nahmen; und dem unvergleichlichsten aller Lehrer, meinem lieben
Freunde Rudolph Sohm, bei dem ich zur Auffrischung meiner
rechtshistorischen Kenntnisse selbst noch einmal Vorlesungen gehört
habe. Und wie anregend war nicht der tägliche Umgang mit nahezu
allen Kollegen! Abgesehen von der wissenschaftlichen Förderung,
die mir daraus geworden ist, stand die deutsche Politik in Elsaß=
Lothringen stets im Vordergrund unseres Interesses, und ihre fort=
laufende Erörterung gab uns fortwährend viel An= und Aufregung.
Es ist bekannt, daß die Universität mit dieser Politik sehr oft recht
wenig einverstanden war, und namentlich ich hatte viel daran aus=

zuſetzen, daß man ſich erſt künſtlich eine Klaſſe von Notabeln ſchuf, vor der man ſich fürchtete, während es ſo nahegelegen hätte, ſich auf die Seite der in ihrer großen Mehrheit deutſchen unteren Klaſſen zu ſtellen, um des erſt ſelbſt geſchaffenen Popanzes Herr zu werden. Indes iſt es dermalen nicht angebracht, auf dieſes Thema einzugehen. Aber ich mußte es erwähnen, denn es war dies die Urſache, die mich ſehr gegen meinen Wunſch veranlaßt hat, einem an mich ergangenen Ruf, als Nachfolger Lorenz von Steins nach Wien zu gehen, Folge zu geben.

Wien iſt die entzückendſte Stadt deutſcher Zunge, aber man muß viel Geld und nichts zu tun haben, um es zu genießen. Solchen Genuß machte die öſterreichiſche Anordnung unmöglich, vermöge deren man faſt jeden Tag von morgens bis abends Prüfungen abzunehmen hatte. Als ich im Laufe meines zweiten Wiener Semeſters die Aufforderung erhielt, als Nachfolger Wilhelm Roſchers nach Leipzig zu gehen, und ich dem damaligen Miniſter Gautſch davon Mitteilung machte, meinte dieſer, wie könne ich denn daran denken, das ſchöne Wien gegen Leipzig zu vertauſchen. „Was habe ich denn von Ihrem ſchönen Wien,“ antwortete ich, „wenn Sie mich von morgens bis abends in einen Hörſaal einſperren, in dem ich junge Leute abfragen muß!“ So verließ ich denn Wien wieder, nachdem ich kaum hingekommen; aber ich habe es allzeit in dankbarer Erinnerung behalten; insbeſondere denke ich gern der Anregung, die ich dadurch empfangen habe, daß die Wiener Studenten es verſtanden, ſo geiſtreich zuzuhören. Auch muß ich ſagen, daß ſie mir, entgegen ihrem ſonſtigen Rufe, bis zur letzten Stunde meiner Vorleſungen treu geblieben ſind.

In Leipzig wiederholte ſich in nur noch größerem Maßſtabe, was ich ſchon in Straßburg erlebt hatte; ich trat ein in eine Körperſchaft, deren Mitglieder kein anderes Ziel kannten, als durch ſtrengſte Anſpannung ihrer Kräfte ihre Univerſität vor allen glänzend zu machen. Die Leipziger Univerſität verwirklichte damals das Ideal einer Hochſchule. Stets denke ich mit Stolz daran, ihr angehört zu haben, und mit Dank gedenke ich heute des großen Wohlwollens, das mir ſeitens der Mitglieder aller Fakultäten dort zu teil geworden iſt. Es iſt mir ſehr ſchwer geworden, mich von dort loszureißen, als ich 1891 den Ruf hierher nach München erhielt. Daß ich ihn annahm, hatte ſeine Urſache lediglich darin, daß unſer alter Freund Kußmaul mir bringend riet, im Intereſſe der Geſundheit meiner Frau nach München überzuſiedeln.

Was ich nun hier seit 1891 getrieben habe, hat sich vor Ihren Augen abgespielt. Mit besonderer Freude gedenke ich der innigen Beziehungen, die sich, wie ja auch schon anderwärts, so noch in viel ausgedehnterem Maße hier, zwischen mir und meinen Schülern entwickelt haben. Ich danke ihnen ganz besonders für die Liebe und Anhänglichkeit, die sie mir auch zum heutigen Tage bekundet haben.

Sollte es mir während eines so langen Lebens nun wirklich gelungen sein, etwas Anerkennenswertes zu leisten, so ist der Grund lediglich darin zu suchen, daß ich das Suchen nach Wahrheit stets ernst genommen und mich stets zu dem als wahr Erkannten rücksichtslos bekannt habe. Ich habe mich nie gescheut, Neues hinzuzulernen, habe dementsprechend manche Anschauung im Laufe der Zeit geändert und nehme heute in manchen Fragen vielleicht an Lösungen keinen Anstoß, die ich früher bekämpft habe. Dies auch die Erklärung meiner Stellung sowohl in der Theorie als auch im praktischen Leben. Und wenn ich auf das zu Beginn meiner allzulang gewordenen Ausführungen Gesagten zurückkommen darf, so werden Sie mit mir in allem, was ich gewesen bin und geleistet habe, nur den Ausfluß der Verhältnisse erkennen, unter denen ich aufgewachsen bin. Aber ich muß zu meiner Beschämung wiederholen, daß ich unter so günstigen Verhältnissen noch weit mehr hätte leisten können.

Und nun gestatten Sie mir noch ein paar Worte an die, welche mir zunächst stehen. Auch das, was ich geleistet habe, wäre nicht möglich gewesen ohne den Rückhalt, den ich gefunden habe in meinem Hause. Vor allem muß ich hier meiner Frau gedenken. Es sind jetzt 41 Jahre, daß ich sie kennen gelernt habe. Als ich um sie anhielt, sagte ich ihr, daß ihr kein glattes Leben bevorstehe, sondern daß sie auf ein Leben voll Kampf und Verfolgung gefaßt sein müsse, eventuell sogar darauf, daß ich einmal eingesperrt werde. Dazu ist es nun nicht gekommen, zu dem anderen aber reichlich. Sie hat sich durch diese Aussichten nicht abschrecken lassen und hat gehalten, was sie damals versprochen hat. Wenn ich sie heute hier neben mir sitzen sehe, muß ich an eine Stelle in der Bibel denken, in der ich zuweilen gern lese, an jene Stelle in der Weisheit Salomonis, wo es heißt: „Sie ließ es ihm gut gehen in seinen mühevollen Arbeiten ..., sie schützte ihn vor Feinden und brachte ihn vor Nachstellungen in Sicherheit ..., sie verließ nicht den verkauften Gerechten ..., sie erwies als Lügner seine Verleumder und gab ihm ewige Ehre." Das, was ich eben zitiert habe, bezieht sich auf die Weisheit. Die Weisheit, von der ich dasselbe sagen kann, sitzt hier neben mir. Dasselbe aber kann ich auch von den übrigen Mitgliedern meines Hauses sagen, von meiner Tochter, und nicht nur von ihr, sondern nicht minder von der lieben Verwandten, die durch ihr teilnehmendes Mitleben mit uns unser Leben verschönt hat.

So stehe ich denn am Abschluß eines reichen Lebens. Und wenn ich nach so vielem, was mir geworden ist, noch Wünsche äußern darf, so sind es deren zwei: Erstens, daß es mir vergönnt sei, die Arbeiten zur Vollendung zu bringen, in denen meine wissenschaftliche Lebensarbeit steckt, deren Fertigstellung aber durch die außerordentlichen Ansprüche, welche an meine Lehrtätigkeit fortwährend gestellt worden sind, verhindert worden ist. Dieser Fertigstellung, möchte ich die Jahre, die mir noch beschieden sind, widmen. Mein zweiter Wunsch knüpft an an den Beginn meiner Lehrtätigkeit. Ich habe schon erwähnt, daß ich im Jahre 1871 mich in Berlin habilitiert habe. Meine erste Handlung als Privatdozent war, daß ich von dem Rechte Gebrauch machte, das die Berliner Universität allen ihren Dozenten gewährte: von der im Garten der Universität errichteten Tribüne sah ich den Einzug der siegreichen Truppen bei ihrer Heimkehr aus Frankreich. Noch sehe ich den greisen Kaiser Wilhelm vor Augen, wie er an der Spitze seiner Truppen — hinter ihm mit Lorbeerkränzen am Arm die drei Reiter: Moltke, Bismarck und Roon, und dann die siegreichen Bataillone in schier unendlicher Reihe — an uns vorbeiritt. Möge es mir vergönnt sein, in ähnlicher Weise dem siegreichen Einzug unserer Truppen in München anzuwohnen, so daß mein akademisches Leben sich abspielt zwischen dem einen Krieg, der das neue Reich gegründet, und dem anderen, der es gegen die von allen Seiten dräuenden Feinde für immer gefestigt hat.

Und nun bleibt mir noch, Ihnen, meinen Freunden, die Sie heute abend hier erschienen sind, und darunter vor allem einem, den ich nicht nenne, den Sie aber alle kennen, ohne daß ich ihn nenne, und nochmals den Rednern von heute abend, meinen lieben Freunden Gothein und Herkner, meinen Schülern und allen, die Sie hierher gekommen sind, meinen wärmsten Dank auszusprechen. Aber nicht bloß meinen Freunden, nicht minder schulde ich Dank meinen Feinden. Sie sind die Würze meines Lebens gewesen. Hätte ich nicht gegen sie kämpfen müssen, so hätte ich meine Kräfte gewiß nie entwickelt. Daher es mich besonders gefreut hat, daß mir auch zum heutigen Tage die mir so wohlbekannten anonymen Postkarten und Briefe nicht gefehlt haben. Habe ich doch, als ich vorhin den Wagen bestieg, um hierher zu fahren, noch von der Post die letzte erhalten. Ich habe sie mit Freude begrüßt. Ich sehe darin die Anerkennung, daß ich noch lebe und noch als jemand betrachtet werde, der des Bekämpfens wert ist: die Prophezeiung eines noch langen Lebens.

Ihnen allen die herzlichsten Wünsche für Ihr eigenes Wohlergehen.

Lujo Brentano zum siebzigsten Geburtstage

Von

Gustav Schmoller

(Wiederabdruck aus Schmollers Jahrbuch, Jahrg. 39, Heft 1; 1915)

Verehrtester Freund!

Da mein Alter mir verbietet, Ihnen am 18. Dezember in München persönlich meine Glückwünsche auszusprechen, so müssen Sie mir schon gestatten, es schriftlich zu tun.

Es verbindet uns eine bald 50 jährige Freundschaft. Aber was noch wichtiger ist: eine jahrzehntelange gemeinsame Wirksamkeit in unserer Wissenschaft und in der deutschen Sozialpolitik. Und dabei sind wir beide die denkbar verschiedensten Menschen. Es konnte nicht fehlen, daß wir uns zeitweise nicht ganz verstanden, verstimmt übereinander waren. Ich bin Ihnen jahrelang Ihr „lieber Freund" und dann wieder nur der „sehr geehrte Herr Kollege". Aber die Gemeinsamkeit großer Ziele und das gegenseitige Verständnis hat uns immer wieder zusammengeführt. Das Gefühl überwog immer zuletzt bei uns beiden, daß wir die zueinander gehörigen, sich ergänzenden Teile einer und derselben Bewegung seien und daher zusammen wirken müssen und können.

Ich habe, um Ihnen in der rechten Stimmung zu schreiben, in den letzten Tagen Ihre gesamten Briefe an mich durchgelesen, die sich über fast fünf Jahrzehnte erstrecken, auch in vielen Ihrer Schriften wieder geblättert. Und ich stehe jetzt ganz unter dem Zauber Ihrer Persönlichkeit, wie ich ihn von den ersten Jahren unserer Freundschaft an empfand, wie er bei jeder Begegnung mit Ihnen bis heute in gleicher Frische wieder sich einstellt.

Vielleicht wirkt Ihre italienische Abstammung dazu mit; oder ist das Anziehende die feine geistige Vornehmheit des Frankfurter Patriziersohnes? Ist es die seltene Elastizität Ihres Geistes, Ihre sprudelnde Lebendigkeit, die sicher treffende Anschaulichkeit aller Ihrer Bemerkungen über Personen und Dinge? Man fühlt sich immer belebt, unterhalten, ja elektrisiert, wenn man Sie reden hört. Es fehlt Ihnen nie an Sarkasmen und kleinen Bosheiten, wenn Sie Freund und Feind mit scharfen Worten charakterisieren. Ein Ihnen sehr nahestehender Freund sagte einmal, wenn ich so Brentano reden höre, verlasse ich ungern das Zimmer, weil ich denke, sobald ich die Tür hinter mir geschlossen habe, werde ich auch so aufgespießt.

Wer Sie näher kennt, weiß, daß derartiges mehr Scherz als
Ernst ist, daß die Freude an der Pointe dabei mitwirkt. Aber das
Wesentliche ist, daß jedes solches Wort von Ihnen auf Ihrer er=
erstaunlichen Beobachtungsgabe und auf Ihrer Kunst beruht, die Be=
obachtung in treffende Worte und Bilder umzuprägen. Es liegt
stets eine große Wahrheit auch in Ihren Scherzworten. Ihr un=
bestechlicher Beobachtungssinn und Ihre strenge Wahrheitsliebe ver=
läßt Sie jedenfalls nie in einer ernsten Besprechung, sie sind der
Boden, auf dem Ihre wissenschaftliche Tätigkeit erwachsen ist. Und
feines ästhetisches Empfinden hat Sie befähigt, auf Leser und Hörer
stets zugleich als Künstler fesselnd zu wirken. Ihr außerordentlicher
Erfolg bei den Studierenden beruht teilweise auf dieser künstlerischen
Begabung; aber noch mehr auf dem Ernst Ihrer wissenschaftlichen
Überzeugungen und auf der strengen Logik Ihrer Schlußfolgerungen.

Ihr großer sozialpolitischer Erfolg nicht bloß in Deutschland,
sondern weit darüber hinaus, begann mit Ihrem Buch über die
Arbeitergilden, sowie mit den sich anknüpfenden Schriften von 1872 bis
1885. Sie wurden damit der Theoretiker und Historiker der eng=
lischen Gewerkvereine; Sie wurden der wissenschaftliche Bannerträger
des fortgeschrittenen Liberalismus, der das Gewerkschaftsideal mit
dem großen damals siegenden Prinzip der wirtschaftlichen Freiheit in
Einklang zu bringen wußte. Sie haben sich damit in wenigen Jahren
zu einem der führenden Männer in Politik und Wissenschaft gemacht
(vgl. Jahrbuch XXXVIII, S. 1134). Sie hatten jahrzehntelang den
stärksten Einfluß auf die studierende Jugend in Deutschland. Ihre
Berufungen von Breslau nach Straßburg, von da nach Wien, von
Wien nach Leipzig, von da nach München zeigten, daß Sie 1870 bis
1900 der begehrteste deutsche Nationalökonom waren. Ich selbst kann
nur dankbar anerkennen, wieviel ich Ihnen schulde. Ihr rasch
wachsender Ruhm war ganz berechtigt; Sie hatten in der wichtigsten
praktisch=sozialen Frage den Nagel auf den Kopf getroffen.

Und doch möchte ich nicht sagen, daß in diesen Ihren jugend=
lichen Schriften von 1870—1885 über Arbeitsrecht, Gewerbe= und Ver=
sicherungswesen der Schwerpunkt Ihrer wissenschaftlichen Arbeit liege.
Er liegt mehr in Ihren Vorlesungen, in Ihrer Seminartätigkeit,
in den tiefen und breiten historischen und philosophisch=prinzipiellen
Studien, die Sie hauptsächlich seither gemacht haben. Sie haben
seit dieser Zeit keine dicken Bücher geschrieben; unzählige kleine
Arbeiten aber haben Sie veröffentlicht; mein Zettelkatalog enthält
65 Nummern „Brentano", und dabei fehlen darin die meisten Zeit=

schriftenaufsätze, die in meiner Bibliothek nicht gesondert stehen; die meisten dieser Nummern gehören der Zeit nach 1885 an. Darunter sind viele Perlen unserer Wissenschaft; ich erwähne nur „Die klassische Nationalökonomie" (1886), „Ethik und Volkswirtschaft in der Geschichte" (1902). Wie oft haben Sie geklagt, daß das Übermaß von Vorlesungen und Universitätspflichten Sie nicht zum Abschluß von Ihren großen Arbeiten kommen lasse. Ich möchte hinzufügen: Ihr lebendiges Interesse an der Tagespolitik, die unzähligen Vorträge, zu denen Sie gedrängt wurden, und Ihre Neigung zur Polemik, Ihre Freude am Kampf, raubten Ihnen die Ruhe zu abschließenden großen Büchern. Wahrscheinlich ist noch vieles in Ihren Schränken, das später einmal gedruckt wird. Ich möchte Sie in Ihrem und im Interesse der Wissenschaft dringend bitten, doch in zwei Sammelbänden die wichtigsten historischen und die erheblichsten philosophischen und prinzipiellen Ihrer Abhandlungen herauszugeben.

Doch ich komme zu unseren persönlichen Beziehungen zurück. Daß jeder von uns beiden viel von dem andern lernen könne, merkten wir beide bald, und das zog uns eben gegenseitig so sehr an. Ebenso früh aber empfanden wir beide, daß wir so verschieden an Geistesgaben, an Bildungseinflüssen und Charakter seien, daß wir in Methode, Resultaten, praktischen Forderungen des Tages immer wieder voneinander abweichen mußten. Sie schrieben mir mal (1877): „Ganz sicher, weder Ihr Sozialismus à la Friedrich Wilhelm I. noch meine individualistische Ungebundenheit sollen uns je trennen," und ein andermal (1879): „Zur Zeit, als wir sachlich völlig einer Meinung schienen, waren meine Gefühle der Zuneigung zu Ihnen eigentlich weniger lebhaft als jetzt, wo Meinungsverschiedenheiten uns sachlich einander ferner gebracht haben." Als Sie Ihr Büchlein über das Arbeitsverhältnis gemäß dem heutigen Recht verfaßt hatten, schrieben Sie mir, Sie hätten es mir eigentlich widmen wollen, hätten es dann aber aus praktischen Gründen unterlassen und fügten bei (30. Oktober 1876): „Aber wenn das Büchlein auch Ihren Namen nicht auf der Stirne trägt, die besten Gedanken desselben gehören doch Ihnen und ebenso die Freundschaft dessen, der sie niederschrieb."

Als Sie bald darauf (1879) das zweite Büchlein schrieben: „Die Arbeiterversicherung gemäß der heutigen Wirtschaftsordnung", das Sie mir dann wirklich gewidmet haben, suchten wir in langen Briefen, die fast zu Abhandlungen wurden, unsere Standpunkte und unsere gegenseitigen Abweichungen uns klar zu machen; aber trotz der brieflichen, ganz offenen Polemik hat unser Zusammenarbeiten in den nächsten Jahren nicht gelitten, wir haben von 1872—1885 Schulter an Schulter mit unseren Gegnern gekämpft, die uns in jenen Jahren mit einem Hagel von Geschossen zu überschütten suchten. Sie wurden 1882 mein Nachfolger in Straßburg; ich nahm Ihnen die Redaktion des Jahrbuchs ab, das Sie los werden wollten. Mein Eintreten für die Bismarcksche Zollreform (1879) hat mir Ihre Freundschaft nicht gekostet. Sie schrieben mir 1882—1885 eine Reihe ausgezeichneter Artikel für das Jahrbuch; 1885 hauptsächlich den Aufsatz über die zukünftige Handelspolitik des Deutschen Reiches, in Wahrheit eine wundervolle historische Studie über die europäische Wirtschaftsgeschichte im Zusammenhang mit der europäischen Staatenbildung. Sie billigten am Schlusse den deutschen agrarischen Schutzzoll um den Preis einer deutsch österreichischen Zollunion; eine solche hindere die übermäßige Brotverteuerung; man könne „die Klassen und Landesteile nicht preisgeben, auf denen die Stärke Preußens beruhe".

Erst meine Anzeige einer aus Ihrem Seminar stammenden Arbeit im Jahrbuch 1888 hat Sie etwas stärker verstimmt, ja zu einem scharfen literarischen Angriff gegen mich veranlaßt. Ich habe ihn damals nicht gelesen; als mein Assistent mir sagte: Er sei nicht ohne starke Vorwürfe, überklebte ich die mich betreffende Anmerkung, um nicht gelegentlich in Versuchung zu kommen, sie zu lesen. Diese Überklebung habe ich erst gestern entfernt, erst jetzt Ihren Angriff gelesen; ich lächelte über Ihre Philippika, die nun 26 Jahre hinter uns liegt. Ich freue mich, daß ich es damals nicht tat: es wäre sonst vielleicht ein vollständiger Bruch entstanden; den wollte ich vermeiden. Ich betonte 1888—1892 immer wieder Ihnen gegenüber brieflich: Wir beide müßten im Interesse des Vereins für Sozialpolitik die öffentliche Polemik gegeneinander vermeiden.

Das geschah auch, als wir 1890 auf der Generalversammlung des Vereins für Sozialpolitik über die Gewerkvereine etwas verschiedener Meinung waren. Ich vertrat eine Ansicht, die Sie wenige Jahre vorher selbst gehabt hatten, nun aber verwarfen. Wir bekämpften uns in der Generalversammlung, aber in so maßvollen Worten, daß es keinen Bruch gab. Ich gebe heute zu, daß Sie damals mehr recht hatten als ich. Unser Briefwechsel kam bald wieder in Gang. Wir sahen uns wieder in den Vereinssitzungen, besuchten uns wieder in Berlin und München, trafen uns für Wochen in der Tiroler Sommerfrische. Der alte Ton freundschaftlicher Herzlichkeit kehrte wieder. Er erreichte seinen Höhepunkt, als Sie 1908 zu meinem siebzigsten Geburtstage nach Berlin kamen und mich in der liebenswürdigsten Weise, ja viel zu überschwenglich feierten.

In dem Verein für Sozialpolitik sind wir unterdessen beide zu der Würde der „Alten" und „Oberalten" aufgestiegen, denen eine jüngere Generation gemeinsam gegenübersteht. Sie duldet uns noch; aber sie ist doch häufig innerlich überzeugt, wir hätten uns überlebt, wir seien altes Eisen, das durch neues zu ersetzen sei. Sie mag auch recht haben; wir ziehen uns ja beide auch mehr und mehr zurück. Ich freue mich, daß der von uns beiden so hochgeschätzte Professor Herkner statt meiner nach München geht und Ihnen die Glückwünsche und den Dank des Vereins für Sozialpolitik überbringt.

Wenn wir beide heute zurückblicken auf die Zeit von 1870 bis 1914, so glaube ich, können wir zufrieden und glücklich sein. Ich wenigstens schätze mich unendlich glücklich, in dieser Zeit Ihre Freundschaft und Zuneigung fast ungetrübt genossen zu haben. Ich schätze mich glücklich, in der Wissenschaft und im praktischen Leben mit Ihnen trotz aller politischen und wissenschaftlichen Verschiedenheit gemeinsam für Fortschritte und Ideale gekämpft zu haben, die heute doch überwiegend, ja so ziemlich allgemein anerkannt werden. Wenn ich an den Kreis von tüchtigen, bedeutenden Männern zurückdenke, mit denen wir im Verein für Sozialpolitik Hand in Hand gingen, von denen heute schon manche längst im Grabe liegen, an die Minister v. Miquel, v. Plener, v. Berlepsch, Buchenberger, an die hohen Beamten und Bürgermeister E. Engel, Adickes, Thiel, an Adolph Wagner, Gierke, Nasse und Hitze, an Knapp und Held, an Miaskowski und Bücher, an unseren unvergeßlichen Schriftführer und Verleger Carl Geibel, an Fr. J. Neumann und Cohn, an Philippovich und an Conrad, Loening und Max Weber, an Sombart, Vater und Sohn, und an die ältere erste Generation unserer Schüler, Sering, Rathgen, Stieda, Schanz, Eheberg, Fuchs, Herkner, Hainisch, Hasbach, Lotz, Oldenberg, Schumacher, Spiethoff und andere, so kann ich nur mit tiefer Dankbarkeit an unsere Vereinswirksamkeit zurückdenken.

Wir können ohne Unbescheidenheit sagen: an dem Fortschritt der deutschen Sozialpolitik und an dem Aufblühen der deutschen nationalökonomischen Wissenschaft hat der Verein für Sozialpolitik doch erheblichen Anteil. Und der Kern unseres Vereins bestand lange Jahre hindurch in der persönlichen Freundschaft eines kleinen Kreises von Männern, wie Held, Knapp, Ihnen und mir, die zwar politisch

keineswegs einig waren. Aber wir waren doch einig in zwei großen
grundlegenden Tendenzen: in dem Idealismus für die Hebung der
durch unsere modernen wirtschaftlichen Institutionen bedrohten Arbeiterklasse und in der Methode der wissenschaftlichen Forschung: wir forderten
bis auf den Grund gehende empirische Spezialstudien in den Gebieten
unserer Hauptarbeit.

Wenn die deutsche Wissenschaft der Nationalökonomie mit solchen
Tendenzen, mit solcher Arbeit nicht bloß von uns, sondern von dem
größten Teil ihrer Vertreter sich heute ebenbürtig oder gar überlegen
und führend der aller anderen Kulturstaaten zur Seite stellt, wenn
der soziale Fortschritt in Deutschland ebenbürtig oder überlegen neben
dem der anderen Staaten steht, so hat die Lebensarbeit von Ihnen,
verehrtester Freund, dazu unendlich viel beigetragen. Sie haben
jedenfalls das Verdienst gehabt, die Bahn für das Gedeihen der
deutschen Gewerkschaften frei zu machen; Sie waren der einflußreichste
wissenschaftliche Führer der deutschen sozialen Reform.

Und wenn früher der Hauptgegensatz Ihrer Auffassung mir
gegenüber in Ihrer Abneigung gegen den Militär= und Beamtenstaat
bestand, den ich versuchte dem Verständnis der heutigen Welt zu er-
öffnen, so finden Sie vielleicht doch in unseren heutigen Kriegstagen
auch, daß dies eine berechtigte Aufgabe war. Wo wären wir heute
gegenüber einer Welt von Feinden ohne ihn!

So wage ich zu hoffen, daß wir uns heute wieder wie in den
siebziger Jahren mit vollstem Verständnis und in der vollen alten
Freundschaft gegenüberstehen. In alter Treue bleibe ich

Ihr Sie herzlich verehrender

Gustav Schmoller

Berlin, den 13. Dezember 1914.

Lujo Brentano im Jahre 1872

Von

G. F. Knapp

(Aus: „Das alte Deutschland"; Dezemberheft 1914 der Süddeutschen Monatshefte)

Die Schüler und Freunde des Nationalökonomen Lujo Brentano bereiten sich vor, ihm Glück zu wünschen zur Vollendung des 70. Lebensjahres. Sein Haupt ist von silbergrauen Locken geschmückt, und diese Locken waren früher schwarz — das aber ist die einzige Veränderung, die sich im Laufe der Jahre vollzogen hat, denn der Gefeierte ist immer jung geblieben mit seinem südländisch-lebhaften Temperament, in seiner feurig-liberalen Gesinnung, mit seiner unermüdlichen Beredsamkeit.

Er war von Anfang an und ist noch heute der tapferste Verfechter der Arbeiterinteressen. Seine Feinde, die so zahlreich sind, möchten ihn gern als Sozialdemokraten verschreien, ihn, der immer auf liberalem Boden stand und der von Karl Marx nie etwas wissen wollte; oder sie möchten ihn wenigstens zu den Sozialisten rechnen, was ebenfalls völlig verfehlt ist, denn er hat sich von der sogenannten liberalen Nationalökonomie niemals losgesagt.

Das Wort Arbeiterfreund ist für ihn zu zahm; denn er ist eine heftige Natur, und wie er viel gehaßt worden ist, so hat er auch viel gehaßt. Sogar auf einen Preßprozeß mehr oder weniger kommt es ihm nicht an. Aber er hat auch viel Liebe und Verehrung gefunden und viel Liebe erwidert. Sein Gefühlsleben hat nach beiden Seiten den größten Ausschlag. Er ist mitunter zornig und verfällt leicht in Entrüstung, die er nicht verbirgt. Im mündlichen Verkehr ist er mitteilsam, sprühend in Erzählung und Schilderung, trägt alles in greller Beleuchtung vor und fesselt seine Zuhörer, die er nur mäßig zu Worte kommen läßt. Überall setzt er alles in Feuer; daß er besonnen sei, kann man wohl schwerlich sagen. Aber unduldsam gegen besonnene Naturen ist er auch nicht; eher dankbar, wenn ihm solche mit Behutsamkeit entgegentreten; sogar fügsam, wo er durchfühlt, daß man ihn zu würdigen weiß.

In seinem Lebenslaufe ist höchst merkwürdig der ganz unerwartet schnelle Aufstieg zu der Höhe, die er seitdem behauptet hat. Nur noch seine Altersgenossen werden sich daran erinnern; vielleicht hören die Jüngeren gerne, wie sich das zugetragen hat.

Es geschah in den Jahren 1871 bis 1872, und alles knüpft sich an die sogenannte Arbeiterfrage an. Laſſalle war ſchon 1864 vom Schauplatze verſchwunden. Das große Werk von Karl Marx (1867) wurde durch den Literaten Liebknecht aufs geſchickteſte ausgeſchlachtet, um die Sozialdemokraten mit einer wirkſamen Doktrin zu verſehen. Die Liberalen waren meiſtens „Mancheſterleute" und ſuchten die Arbeiter durch mattbelehrende, wohlwollende Vorträge zu überzeugen, daß ſie beim Liberalismus bleiben müßten; bei ſelbſtändigem Auf=
treten als Partei hätten ſie nichts zu hoffen; man zeigte ihnen von fern das Geſpenſt Louis Blancs.

Auf den Univerſitäten lehrten die Profeſſoren die ſogenannte Theoretiſche Nationalökonomie, beſten Falles nach John Stuart Mill, der für einen Philoſophen galt, eigentlich aber nur ein gewandter Schriftſteller war, der den Arbeitern — wie üblich — den Rat erteilte, recht wenige Kinder zu erzeugen und ſo lange leben zu bleiben, bis durch Verringerung der Arbeiterzahl eine beträchtliche Nachfrage ent=
ſtehe; dann werde ſich der Arbeitslohn erhöhen. Etwas anderes als Erhöhung oder Verminderung der Lohnhöhe kam gar nicht in Be=
tracht, und an die Arbeitsverfaſſung in ihrer ganzen Breite dachte niemand, noch weniger an deren hiſtoriſche Bedingtheit.

Die Verſuche des Arbeiterſtandes, zunächſt in England, ſich zu tatkräftigem Handeln ohne Revolution aufzuraffen, waren wenig bekannt; die „Gewerkvereine" beſtanden zwar, aber hören wir einmal, wie man in der liberalen Literatur dieſe Erſcheinung im Jahre 1852 auffaßte, alſo 20 Jahre vor Brentano.

Ein franzöſiſcher Journaliſt und Politiker, Léon Faucher (ge=
boren 1803, geſtorben 1854), hat ein Werk geſchrieben „Etudes sur l'Angleterre", deſſen zweite Auflage in Paris 1856 erſchien; es ſind zwei Bände; im Band II, S. 397, findet ſich ein Aufſatz: „De la coalition des ouvriers mécaniciens en Angleterre" (1852). Darin wird folgendes vorgetragen:

Vereinigtes Auftreten der Arbeiter zu beſtimmten Zwecken, ſo=
genannte Koalitionen, ſind in England etwas ganz Gewöhnliches; ſie bilden ein dauerndes Gegengewicht gegen das ſtille Wachstum des Wohlſtandes. Es iſt eine Art der Anarchie, die ſich bereits eingebürgert hat. Sie treten auf — nicht wenn die Geſchäfte ſchlecht gehen —, ſondern wenn ſie am beſten gehen. Dann erwacht im Arbeiterſtande das Gefühl des Neides und der Habſucht; man iſt nicht zufrieden mit der Freiheit, die man genießt: man will herrſchen.

Und nicht die schlecht bezahlten, wirklich notleidenden Arbeiter lehnen sich auf, sondern die gut bezahlten, die sogenannten gelernten Arbeiter tun es. Unter dem Vorwande philanthropischer Zwecke lehnen sie sich auf gegen die „Despotie" des Kapitals. Auch treten sie nicht etwa bloß vorübergehend zusammen, um einen Ausstand ins Werk zu setzen; sondern sie wollen dauernde Vereinigungen, neue Korporationen gründen. Auch sind die Vereinigungen nicht bloß örtlich: die Maschinenbauer z. B. haben es unter der Leitung ihrer Agitatoren dahin gebracht, einen großen Bund zu stiften, der 80 Städte umfaßt, 12 000 Mitglieder zählt und ein Vermögen von 25 000 Pfd. Sterling besitzt.

Der erste bedeutende Angriff des großen Vereins der Maschinenbauer war gegen die Firma Hibbert & Platt in Oldham gerichtet. Im Frühjahr 1851 verlangte der Verein, daß die Firma keine ungelernten Arbeiter mehr beschäftigen solle und daß die Überzeit abgeschafft werde; ja man schrieb sogar vor, wie viele Lehrlinge die Firma beschäftigen dürfe, und drohte mit Einstellung der Arbeit.

Man sieht, der Arbeiterstand versteht sich schlecht auf die Freiheit. Die Korporationen sind aufgehoben, aber der Geist des Monopols und des Privilegs lebt fort. Die Arbeiter wollen die große Maschinenindustrie ausbeuten zum Vorteil ihres Vereins, und dadurch gerät diese große Industrie in Gefahr. Stücklohn und Überzeit sollen abgeschafft werden, denn die Arbeiter behaupten, man könne nicht mehr als zehn Stunden ordentlich arbeiten; der Abend müsse für Zwecke der geistigen Ausbildung freibleiben.

Aber man sieht ja deutlich, daß diese Gründe nur Vorwände sind; man spricht von Bildung und will doch nur auf Umwegen eine Lohnerhöhung erreichen oder für geringere Leistung denselben Lohn erhalten!

Der einzige Zweck, den die Arbeiter durch Vereinigung erreichen können, ist Unterstützung in Notfällen. Alle anderen Ziele der Vereinigung sind ihnen von der Natur versagt (S. 425). Die Bestimmung der Lohnhöhe muß der freien Konkurrenz überlassen bleiben (S. 436).

So ungefähr redet ein hochgebildeter französischer Politiker über die Gewerkvereine im Jahre 1852. Daß uns dies unfaßbar beschränkt erscheint, ist das große Verdienst Brentanos.

Lujo Brentano, ein Verwandter des Dichters Clemens Brentano, ist 1844 in Aschaffenburg geboren; er hatte in München beim

Staatsrat von Hermann studiert, wendete sich dann nach Göttingen zu Professor Helferich und kam von dort als junger Doktor der Philosophie an das Königl. Preußische Statistische Bureau in Berlin, dessen Direktor Dr. Ernst Engel ein Seminar eröffnet hatte; es war eigentlich für Assessoren bestimmt, aber auch junge Gelehrte fanden Aufnahme. Als nun Engel eine Studienreise nach England machte, forderte er den neugewonnenen Schüler auf, ihn zu begleiten. Dort waren einige vorurteilslose Männer eben mit dem Studium der Gewerkvereine beschäftigt, und in diese Bewegung stürzte sich, vom Rettungsdrang ergriffen, Brentano: er erforschte die Geschichte dieser Neubildungen und trat alsbald mit einem zweibändigen Werk hervor: „Die Arbeitergilden der Gegenwart." Leipzig 1871—1872.

Darin erklangen völlig ungewohnte Töne:

„Gilden" sind mittelalterliche Vereinsbildungen; sie waren damals von der deutschen Rechtsgeschichte neu hervorgesucht: man denke an Otto Gierkes Genossenschaftswerk von 1868. Der französisch gefärbte Liberalismus will zwar, wie oben gezeigt ist, von Zünften und Gilden nichts wissen, aber die Tatsache ihres früheren Bestehens muß doch erklärt werden. Diese Vereine sind Schutzanstalten der Schwachen gegen bestehende Übermacht.

Sollte Ähnliches nicht auch in der Gegenwart möglich oder gar notwendig sein? Gewiß, sagt Brentano, und gerade die Gewerkvereine der englischen Großindustrie sind Gilden in diesem Sinne, nur gehören sie einer tieferen Schicht der Gesellschaft an. Nicht Kaufleute, nicht Männer des selbständigen Kleingewerbes, sondern moderne Arbeiter, die im Lohnverhältnis stehen, greifen nach diesem Machtmittel, um ihre Interessen bei Abschluß des Arbeitsvertrages zur Geltung zu bringen. Es handelt sich nicht um Verbrecherbanden; auch nicht um Verschwörungen, die gewaltsame Ausstände planen; noch weniger um verblendete Schwarmgeister; sondern es treten ruhige Staatsbürger der unteren Klassen zusammen, die sich nicht jeder Bedingung fügen wollen, die der starke Fabrikant ihnen aufdrängt. Sachkundige Führer weisen ihnen den Weg. Nicht Lohnhöhe allein kommt in Betracht, sondern auch die Arbeitszeit, die Frage, ob Stücklohn oder Zeitlohn, und vieles andere. Von dauernder Anregung zum Streik ist nicht die Rede, sondern der Ausstand ist nur das letzte Mittel, „wenn kein anderes mehr verfangen will".

Diese Gedankengänge, heutzutage allgemein bekannt und beinahe selbstverständlich geworden, waren damals (1872) ganz überraschend.

Es ergaben sich völlig neue Ausblicke: also Arbeiterbewegung, sagte sich der Leser, ist nicht gleichbedeutend mit Sozialdemokratie und Umsturz. Die Entwicklung des künftigen Arbeiterrechts ist möglich in den Staaten, wie sie sind. Es muß aber Männer geben, die sich auf das Studium dieser Rechtsbildungen verlegen und die unserer Gesetzgebung die richtigen Wege zeigen. Auch muß nicht gewartet werden, bis es wegen künftiger Produktivassoziation mit Staatshilfe keine privaten Unternehmer mehr gibt; sondern der Fabrikant bleibt Fabrikant, der Arbeiter bleibt Arbeiter — und trotzdem kann eine bessere Zukunft herbeigeführt werden. Das große Stichwort Louis Blancs: „Organisation du travail" erhält einen neuen Sinn; der Fabrikant schließt nicht mit dem hilflosen einzelnen Arbeiter seine Verträge, sondern mit der im Gewerkverein organisierten Arbeiterschaft.

Das zweibändige Werk, worin diese Lehren enthalten waren, ist stellenweise von leidenschaftlicher Wärme — aber es ist von einer solchen Kraft des sachlichen Eindringens, daß es jeden Leser überzeugt. Man merkt noch hier und da das Ringen mit dem Stoff; sogar ein gewisses Durchschimmern der englischen Sprache, in der die Quellen geschrieben sind, ist fühlbar. Gleichwohl aber ist im ganzen schon der Stil erkennbar, der später in der Abhandlung „Die Gewerkvereine im Verhältnis zur Arbeitsgesetzgebung" (Band XXIX der Preußischen Jahrbücher) meisterhaft auftritt: unerbittliche Sachlichkeit bei unnachahmlicher Kraft des Vortrags.

Dies Werk, dessen Vorrede (im Schlußbande) vom 3. April 1872 datiert ist, hat eine ganz ungewöhnliche Wirkung gehabt. Denn um jene Zeit waren die jüngeren Nationalökonomen dumpf bewegt von dem Bedürfnis, in der Arbeiterfrage den lässigen Schulbetrieb aufzugeben und in die Öffentlichkeit zu treten, um neben der Sozialdemokratie einen Tummelplatz der neueren Meinungen zu bilden. Gustav Schmoller wäre hier zuerst zu nennen; dann Erwin Nasse, Adolf Held, Gustav Schönberg. Es gelang ihnen, den älteren angesehenen Juristen Gneist zu gewinnen, und sie stifteten das, was später der Verein für Sozialpolitik genannt wurde, durch eine Versammlung in Eisenach am 6. und 7. Oktober 1872.

Eisenach war damals noch kein Fabrikort, sondern ein stilles Landstädtchen, eingebettet in das liebliche Tal mit den unermeßlichen Wäldern, die eben im Begriffe waren, sich herbstlich zu färben. Vom letzten Vorsprung des Gebirges blickte die große Wartburg herab, jedem Deutschen traulich und voll von Erinnerungen. Für sonntäg=

liche Vergnügungen gab es am Rande der Stadt einen bescheidenen Saal, der uns eingeräumt wurde, von einem Garten umgeben, in dem noch einige Georginen blühten. Die zahlreichen Besucher sammelten sich, es begann ein lebhaftes Vorstellen und Begrüßen, und der Einberufer — es war Gustav Schmoller — hielt die eröffnende Ansprache. Dann wurde der geschäftskundige, vorsichtige Gneist zum Vorsitzenden gewählt, und es begann der Vortrag über den ersten Punkt der Tagesordnung: Fabrikgesetzgebung. Als Referenten hatte man ausgesucht, mit Vorbedacht, um den Erfolg zu sichern, nicht etwa den Ältesten, den Erfahrensten, sondern einen 27 jährigen Jüngling, der im Mai 1871 Privatdozent geworden war — es waren noch keine anderthalb Jahre verflossen — und dessen Erstlingswerk erst vor einigen Monaten die Presse verlassen hatte: jetzt war er bereits Professor in Breslau; es war Brentano. Er stieg auf die Rednerbühne, las die sorgfältig ausgearbeitete, von Sachkenntnis strotzende Arbeit vor und wurde von der begeisterten Versammlung mit stürmischem Beifall belohnt. Der Telegraph trug die Nachricht über diese Versammlung neuer Art in die Welt, und der junge Breslauer Professor war mit einem Schlage eine überall bekannte Persönlichkeit, bewundert von vielen, von sehr vielen aber als ein gefährlicher Mann verschrien, der bedenklichste unter allen „Kathedersozialisten".

Aber man frage sich: hat er revolutionäre Leidenschaften geschürt? Gerade dies hat er nicht getan, und deshalb sind ihm ja die Sozialdemokraten gar nicht hold. Er hat sich mit Wucht in die Arbeiterfrage gestürzt und hat diese Sache mit einer Hingebung und Ausdauer verfolgt und in so eigenartiger Weise behandelt, daß man sein Wirken nicht anders nennen kann als monumental.

Und alles dies ist ihm auf den ersten Wurf gelungen; das stand bereits fest, als jene Eisenacher Versammlung zu Ende ging, die wie ein jugendliches Fest verlief und als solches in der Erinnerung haftet.

An dies Fest hat sich die Gründung des Vereins für Sozialpolitik angeschlossen, und dieser Verein hat unter der Führung von Gneist, E. Nasse und G. Schmoller die deutsche Gesetzgebung über Arbeitersachen in neue Wege geleitet. Die jungen Gelehrten, die daran teilnahmen, haben sich in einen dauernden Freundesbund vereinigt, und keiner von ihnen hat je bezweifelt, daß der mächtigste Anstoß dazu von dem jüngsten ausgegangen ist — und dieser war Lujo Brentano.

Straßburg i. E., 9. Juli 1914.

Printed by Libri Plureos GmbH
in Hamburg, Germany